グアム
GUAM

日本からの ✈ フライト時間
約3時間30分

グアムの空港
グアム国際空港
MAP 付録P. 5 E-3
タモン中心部まで車で約30分

ビザ
原則として不要

時差

通貨と換算レート
ドル ($)
$1=155円 (2024年5月現在)

チップ
チップは基本的に必要

言語
英語

日本

0	1	2	3	4	5	6	7	8	9	10	11	12	13	14	15	16	17	18	19	20	21	22	23

グアム

1	2	3	4	5	6	7	8	9	10	11	12	13	14	15	16	17	18	19	20	21	22	23	0

日本時間の同日

おとな旅
プレミアム
PREMIUM

付録

CONTENTS

グアム

MAP

街の
交通ガイド
付き

街歩き地図

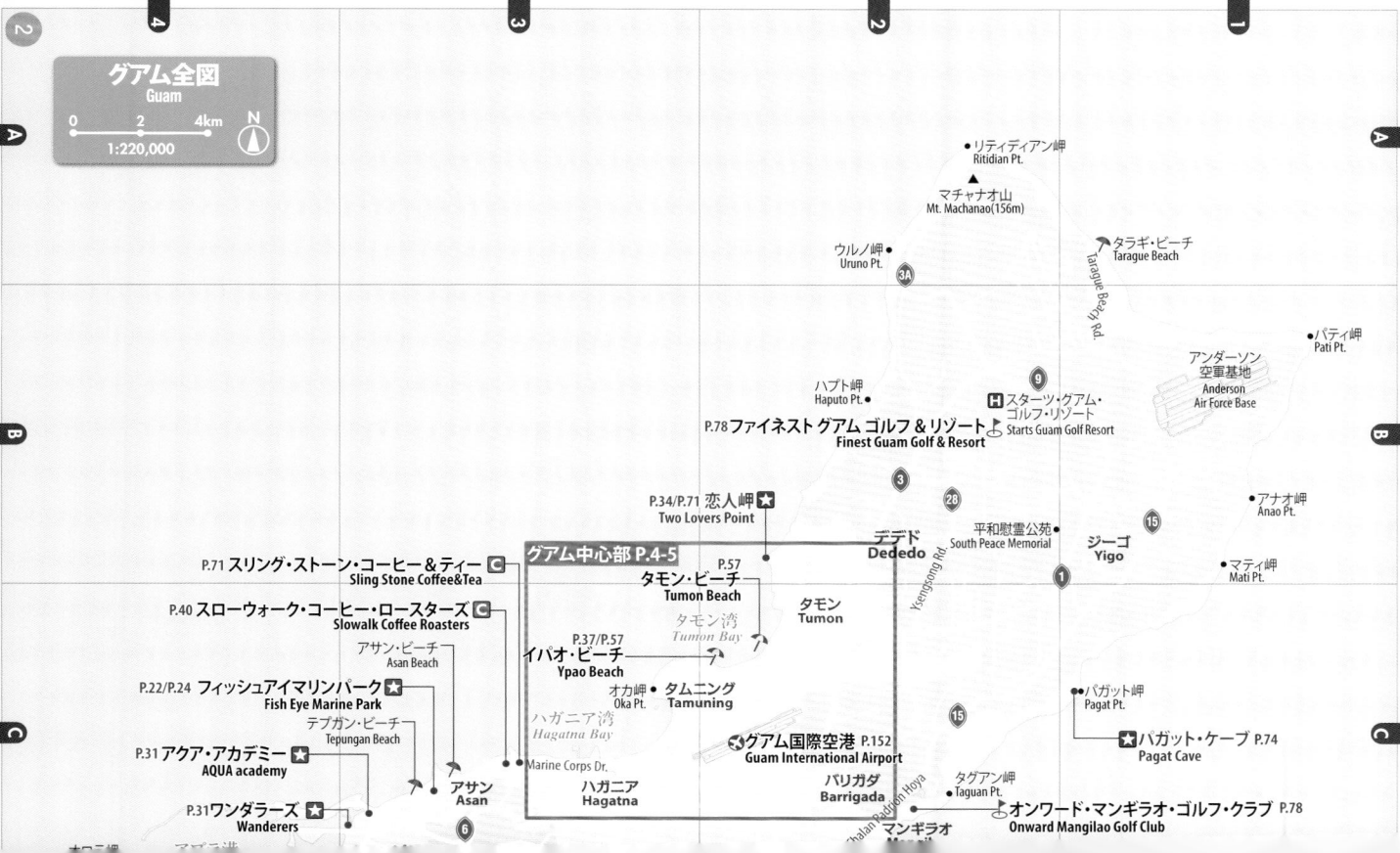

グアム全図
Guam

0 2 4km
1:220,000
N

A

B

C

2

4

3

2

1

• リティディアン岬
Ritidian Pt.

▲ マチャナオ山
Mt. Machanao(156m)

• ウルノ岬
Uruno Pt.

3A

Tarague Beach Rd.

⚓ タラギ・ビーチ
Tarague Beach

• パティ岬
Pati Pt.

ハプト岬
Haputo Pt. •

アンダーソン
空軍基地
Anderson
Air Force Base

9

H スターツ・グアム・
ゴルフ・リゾート
Starts Guam Golf Resort

P.78 ファイネスト グアム ゴルフ & リゾート ⚓
Finest Guam Golf & Resort

3

28

平和慰霊公苑
South Peace Memorial

15

• アナオ岬
Anao Pt.

P.34/P.71 恋人岬 ★
Two Lovers Point

デデド
Dededo

ジーゴ
Yigo

• マティ岬
Mati Pt.

グアム中心部 P.4-5

P.57

1

Ysengsong Rd.

P.71 スリング・ストーン・コーヒー＆ティー C
Sling Stone Coffee&Tea

タモン・ビーチ
Tumon Beach

タモン
Tumon

P.40 スローウォーク・コーヒー・ロースターズ C
Slowalk Coffee Roasters

タモン湾
Tumon Bay

アサン・ビーチ
Asan Beach

P.37/P.57
イパオ・ビーチ
Ypao Beach

P.22/P.24 フィッシュアイマリンパーク ★
Fish Eye Marine Park

オカ岬 • タムニング
Oka Pt. Tamuning

• パガット岬
Pagat Pt.

テプガン・ビーチ
Tepungan Beach

ハガニア湾
Hagatna Bay

★ ハガット・ケーブ P.74
Pagat Cave

P.31 アクア・アカデミー ★
AQUA academy

15

Marine Corps Dr.

⚓ グアム国際空港 P.152
Guam International Airport

P.31 ワンダラーズ ★
Wanderers

アサン
Asan

ハガニア
Hagatna

バリガダ
Barrigada

タグアン岬
Taguan Pt.

6

Chalan Pago'on Hoya

マンギラオ
Mangilao

⚓ オンワード・マンギラオ・ゴルフ・クラブ P.78
Onward Mangilao Golf Club

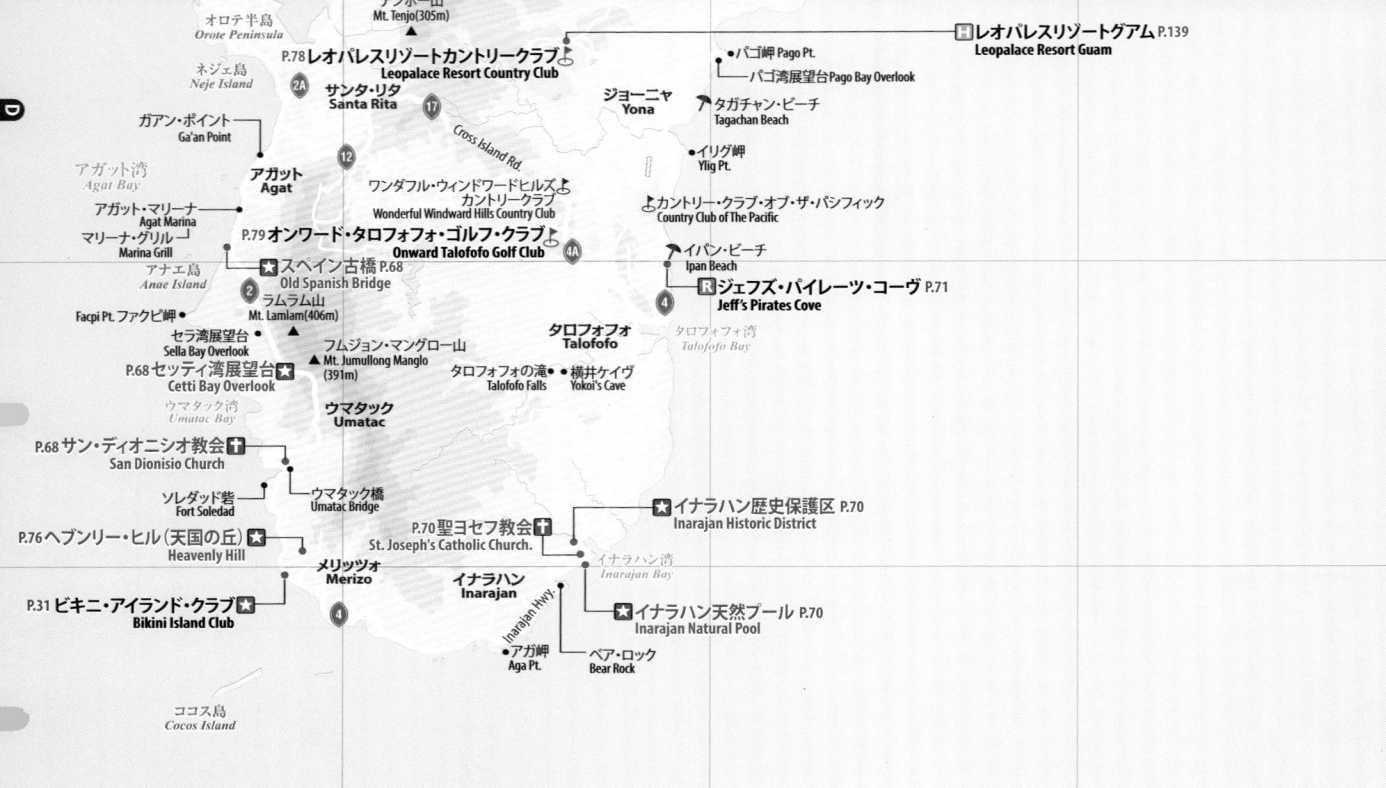

テンホー山
Mt. Tenjo(305m)

オロテ半島
Orote Peninsula

ネジェ島
Neje Island

P.78 レオパレスリゾートカントリークラブ
Leopalace Resort Country Club

レオパレスリゾートグアム P.139
Leopalace Resort Guam

サンタ・リタ
Santa Rita

パゴ岬 Pago Pt.
パゴ湾展望台 Pago Bay Overlook

ジョーニャ
Yona

ガアン・ポイント
Ga'an Point

アガット湾
Agat Bay

タガチャン・ビーチ
Tagachan Beach

アガット
Agat

Cross Island Rd.

イリグ岬
Ylig Pt.

アガット・マリーナ
Agat Marina

ワンダフル・ウィンドワードヒルズ
カントリークラブ
Wonderful Windward Hills Country Club

カントリー・クラブ・オブ・ザ・パシフィック
Country Club of The Pacific

マリーナ・グリル
Marina Grill

P.79 オンワード・タロフォフォ・ゴルフ・クラブ
Onward Talofofo Golf Club

アナエ島
Anae Island

イパン・ビーチ
Ipan Beach

スペイン古橋 P.68
Old Spanish Bridge

ジェフズ・パイレーツ・コーヴ P.71
Jeff's Pirates Cove

ラムラム山
Mt. Lamlam(406m)

Facpi Pt. ファクピ岬

タロフォフォ
Talofofo

タロフォフォ湾
Talofofo Bay

セラ湾展望台
Sella Bay Overlook

フムジョン・マングロー山
Mt. Jumullong Manglo
(391m)

P.68 セッティ湾展望台
Cetti Bay Overlook

タロフォフォの滝
Talofofo Falls

横井ケイヴ
Yokoi's Cave

ウマタック湾
Umatac Bay

ウマタック
Umatac

P.68 サン・ディオニシオ教会
San Dionisio Church

ソレダッド砦
Fort Soledad

ウマタック橋
Umatac Bridge

P.70 聖ヨセフ教会
St. Joseph's Catholic Church.

イナラハン歴史保護区 P.70
Inarajan Historic District

P.76 ヘブンリー・ヒル（天国の丘）
Heavenly Hill

メリッツォ
Merizo

イナラハン湾
Inarajan Bay

イナラハン
Inarajan

P.31 ビキニ・アイランド・クラブ
Bikini Island Club

イナラハン天然プール P.70
Inarajan Natural Pool

アガ岬
Aga Pt.

ベア・ロック
Bear Rock

ココス島
Cocos Island

グアム中心部
Central Guam
周辺図 P.2-3

0　500m　1km
N
1:45,000

タムニング・タモン西部 P.6-7

グアム・メモリアル病院 ⊞
Guam Memorial Hospital

オカ岬 ●
Oka Point

P.135 リーガロイヤル・ラグーナ・グアム・リゾート Ⓗ
RIHGA ROYAL Laguna Guam Resort

タムニング
Tamuning

ハガニア湾
Hagatna Bay

P.121 ウリ・ジップ Ⓡ
Uri Jip

P.31 ジェントリー・ブルー ★
Gently Blue

S チョデ・マート P.125
Chode's Mart

P.49 インフュージョン コーヒー&ティー Ⓡ
Infusion Coffee&Tea

ハガニア P.11

● 自由の女神像
Statue of Liberty

パセオ公園 ●
Paseo de Susana Park

South Marine Corps Dr.

Chalan Machaute Purple Heart Hwy.

アプガン砦 ●
Fort Apugan

★ スペイン広場 P.39
Plaza de Espana

Ⓡ トゥリ・カフェ P.46
tuRe' Café

Sergeant Roy T.Damian Junior St.

✝ セヴンス・デイ・アドヴェンティスト教会
Seventh Day Adventist Church

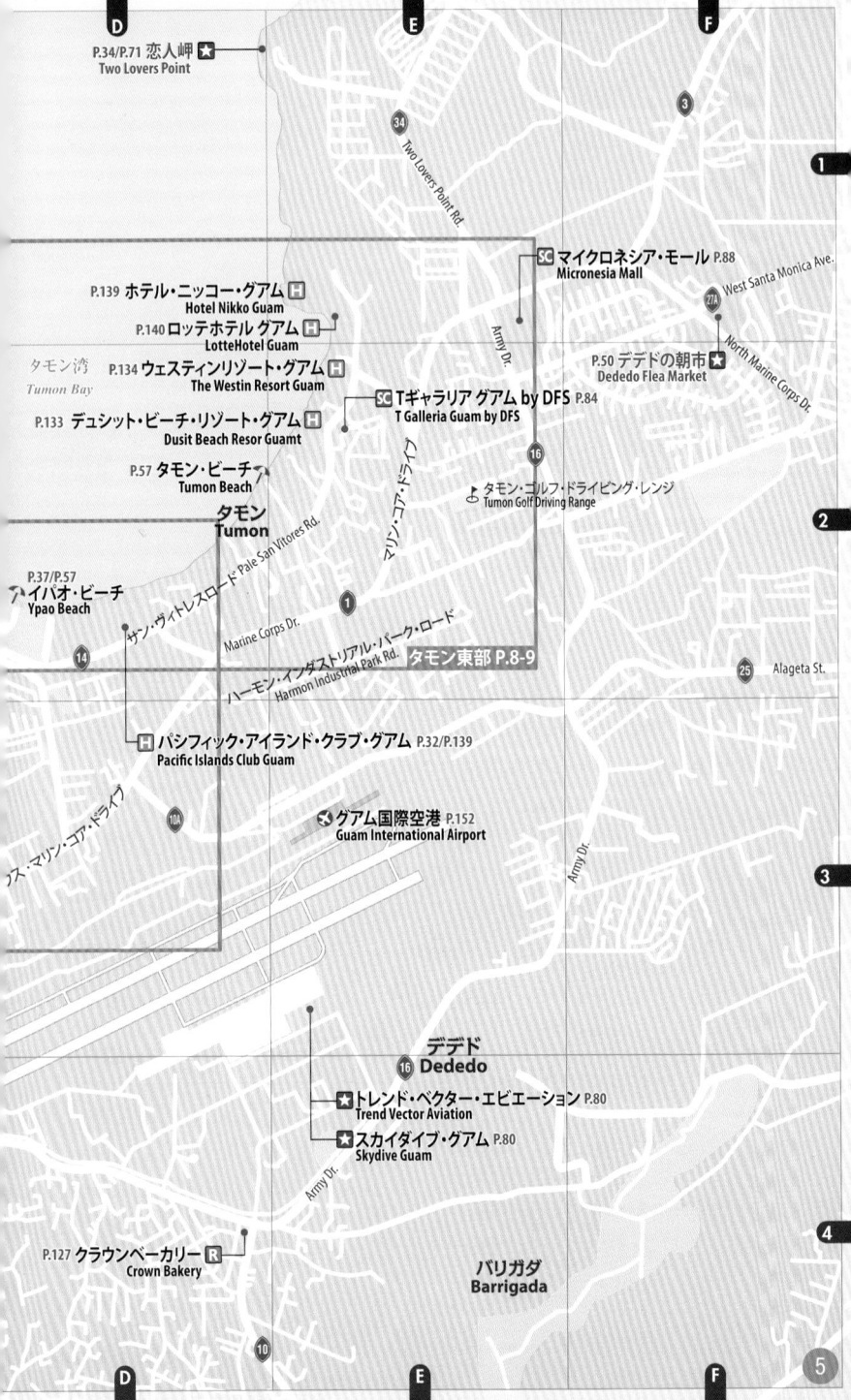

D P.34/P.71 恋人岬 ★
Two Lovers Point

34
Two Lovers Point Rd.

3

1

SC マイクロネシア・モール P.88
Micronesia Mall

West Santa Monica Ave.

27A

P.139 ホテル・ニッコー・グアム H
Hotel Nikko Guam

P.140 ロッテホテル グアム H
LotteHotel Guam

Army Dr.

North Marine Corps Dr.

P.50 デデドの朝市 ★
Dededo Flea Market

タモン湾
Tumon Bay

P.134 ウェスティンリゾート・グアム H
The Westin Resort Guam

SC Tギャラリア グアム by DFS P.84
T Galleria Guam by DFS

P.133 デュシット・ビーチ・リゾート・グアム H
Dusit Beach Resor Guamt

P.57 タモン・ビーチ
Tumon Beach

マリン・コア・ドライブ

16

♪ タモン・ゴルフ・ドライビング・レンジ
Tumon Golf Driving Range

2

タモン
Tumon

Pale San Vitores Rd.

P.37/P.57
イパオ・ビーチ
Ypao Beach

サン・ヴィトレスロード

1

Marine Corps Dr.

ハーモン・インダストリアル・パーク・ロード
Harmon Industrial Park Rd.

タモン東部 P.8-9

25

Alageta St.

14

H パシフィック・アイランド・クラブ・グアム P.32/P.139
Pacific Islands Club Guam

10A

★ グアム国際空港 P.152
Guam International Airport

ス・マリン・コア・ドライブ

Army Dr.

3

デデド
16 **Dededo**

★ トレンド・ベクター・エビエーション P.80
Trend Vector Aviation

★ スカイダイブ・グアム P.80
Skydive Guam

Army Dr.

4

P.127 クラウンベーカリー R
Crown Bakery

バリガダ
Barrigada

10

D　　**E**　　**F**　　5

タムニング・タモン西部
Tamuning / West Tumon

周辺図 P.4-5

0 100 200m
1:14,000

P.8-9
P.6-7
P.10
S ← P.11

グアム・メモリアル病院
Guam Memorial Hospital

フローレス大司教F
Statue of Archbishop F

シスターズ・オブ・マーシー教会
Sisters of Mercy

P.43
ソリッド・グラウンド・コーヒー・ショップ C
Solid Grounds Coffee Shop

リンドン B.ジョン
小学校
Lyndon B.Johnson
Elementary School

タムニン小学校
Tamuning
Elementary School

リーガロイヤル・ラグーナ・グアム・リゾート P.135
RIHGA Royal Laguna Guam Resort

スパアユアラン P.59
SPA Ayualam

オカ岬
OKa Point

パティスリー・パリスコ P.124
Patisserie PariSco

聖アンソニー教会
St. Anthony Church

ペイレス・スーパーマーケット S
Pay-Less Supermarket

スキューバ・カンパニー・マリンスポーツ P.
Scuba Company Marine Sports

P.12/P.33/P.38/P.136 星野リゾート リゾナーレグアム
Hoshino Resorts Risonare Guam

P.57 アユアラム

P.110 スリー・スクエアズ R
Three Squares

ビジネス・モーテル H
Guam Business Motel

14

P.125 タピオカ・カフェ
Tapioca Café

アルパット島
Alpat Island
P.56

P.126 エリート・ベーカリー R
Elite Bakery

モンティセロ・プラザ S
Monticello Plaza

東京マート S
Tokyo Mart

シャーリーズ R
Shirley's Coffee Shop

コスト・ユー・レス S
Cost U Less

ハガニア湾
Hagatna Bay

タムニング
Tamuning

P.128 パイオロジー R
Pieology Pizzeria

P.94 グアム・プレミア・アウトレット SC
Guam Premier Outlets

P.94 GUESS ゲス S

P.94 Local Fever ローカル・フィーバー S

P.95 ヴィンス・ジュエラーズ S
ViNCE JEWELERS

P.49 キングス R
King's

パブリック・テニスコート

P.95 ロス・ドレス・フォー・レス S
Ross Dress for Less

P.95 フェイマス・フットウェア S
Famous Footwear

P.112 ローン・スター・ステーキハウス R
Lone Star Steakhouse

ファースト・ハワイアン・バンク B

P.95 ビタミン・ワールド S
Vitamin World

ITCビル

P.39 カラバオのウォールアート
Carabao Wall Art

グアム銀行 B

P.54 グアム・オーシャン・パーク
Guam Ocean Park

South Marine Corps Dr.

在ハガニャ日本国総領事館

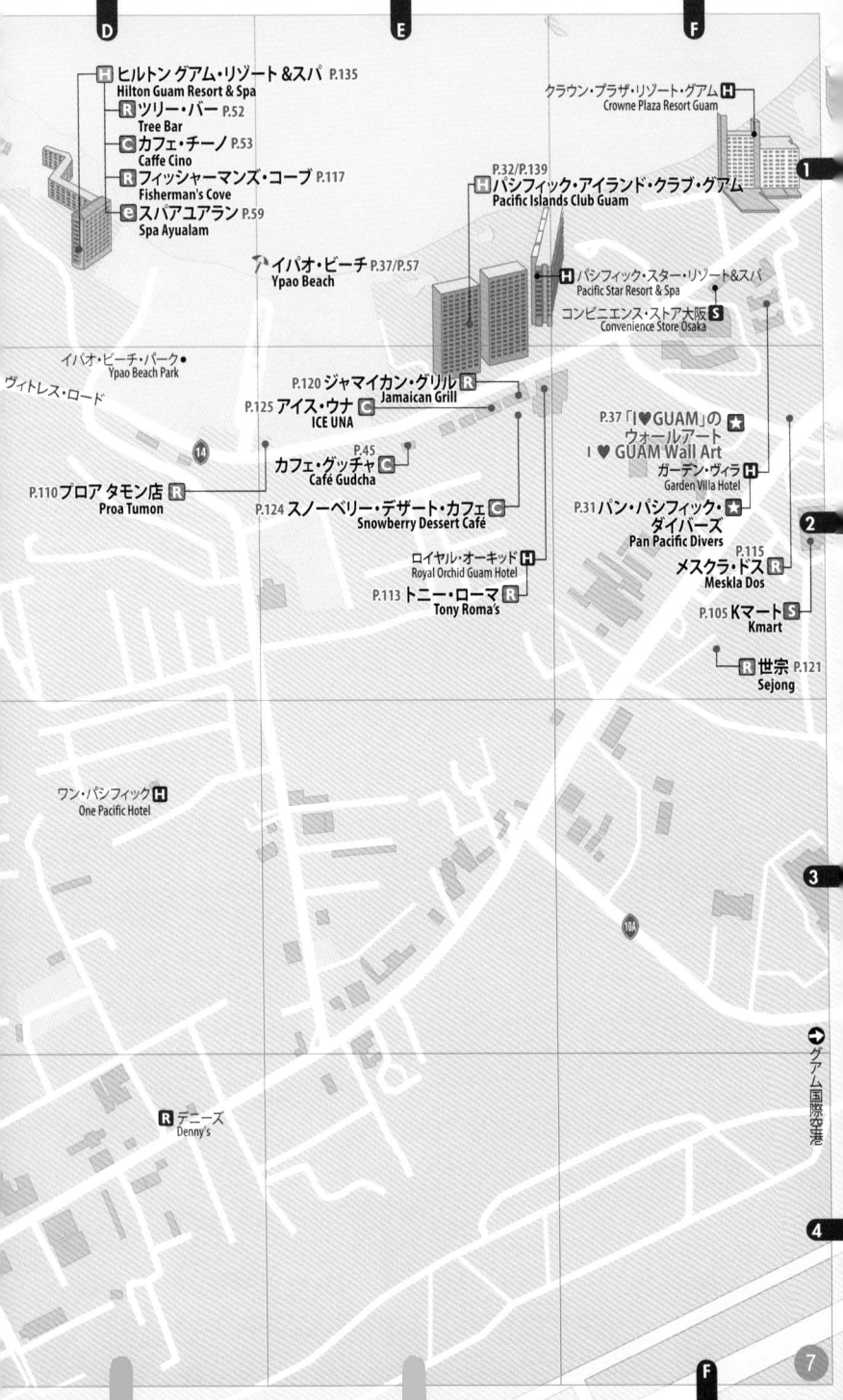

D　E　F

クラウン・プラザ・リゾート・グアム H
Crowne Plaza Resort Guam

ヒルトン グアム・リゾート＆スパ P.135
Hilton Guam Resort & Spa

R ツリー・バー P.52
Tree Bar

C カフェ・チーノ P.53
Caffe Cino

R フィッシャーマンズ・コーブ P.117
Fisherman's Cove

C スパアユアラン P.59
Spa Ayualam

P.32/P.139
H パシフィック・アイランド・クラブ・グアム
Pacific Islands Club Guam

イパオ・ビーチ P.37/P.57
Ypao Beach

H パシフィック・スター・リゾート＆スパ
Pacific Star Resort & Spa

コンビニエンス・ストア大阪 S
Convenience Store Osaka

イパオ・ビーチ・パーク
Ypao Beach Park

ヴィトレス・ロード

P.120 ジャマイカン・グリル R
Jamaican Grill

P.125 アイス・ウナ C
ICE UNA

P.37「I♥GUAM」の ★
ウォールアート
I ♥ GUAM Wall Art

ガーデン・ヴィラ H
Garden Villa Hotel

14

P.45
カフェ・グッチャ C
Café Gudcha

P.110 プロア タモン店 R
Proa Tumon

P.124 スノーベリー・デザート・カフェ C
Snowberry Dessert Café

P.31 パン・パシフィック・ ★
ダイバーズ
Pan Pacific Divers

P.115
メスクラ・ドス R
Meskla Dos

P.105 Kマート S
Kmart

ロイヤル・オーキッド H
Royal Orchid Guam Hotel

P.113 トニー・ローマ R
Tony Roma's

R 世宗 P.121
Sejong

ワン・パシフィック H
One Pacific Hotel

3

10A

グアム国際空港

R デニーズ
Denny's

4

F

タモン東部
East Tumon
周辺図 P.4-5
0 100 200m N
1:14,000

P.8-9
P.6-7
P.10
←P.11

P.139 ホテル・ニッコー・グアム
Hotel Nikko Guam

P.134 ザ・ツバキタワー
The Tsubaki Tower

P.37/P.140 グアムリーフホテル
Guam Reef Hotel

P.57 タモン・スポーツ・クラブ
Tumon Sports Club

P.116 ナナズカフェ
Nana's Cafe

P.133 デュシット ビーチ リゾート グアム
Dusit Beach Resort Guam

P.25/P.31 アクエリアム オブ グアム
Aquarium Of Guam

P.130 デュシタニ グアム リゾート
Dusit Thani Guam Resort

タモン湾
Tumon Bay

P.132 ハイアット・リージェンシー・グアム
Hyatt Regency Guam

P.124 ハファロハ
Hafaloha

ヒルトン グアム・リゾート＆スパ P.135
Hilton Guam Resort & Spa

ツリー・バー P.52
Tree Bar

カフェ・チーノ P.53
Caffe Cino

フィッシャーマンズ・コーブ P.117
Fisherman's Cove

スパ アユアラン P.59
Spa Ayualam

ホリデイ・リゾート＆スパ グアム
Holiday Resort & Spa Guam

P.57 マタパン・ビーチ
Matapang Beach

グアム銀
Bank of Gua

P.12/P.134
クラウン・プラザ・リゾート・グアム
Crowne Plaza Resort Guam

P.32/P.139
パシフィック・アイランド・クラブ・グアム
Pacific Islands Club Guam

パシフィック・スター・リゾート＆スパ
Pacific Star Resort & Spa

ニッポン
レンタカー
Nippon Rent-a-car

P.37/P.57
イパオ・ビーチ
Ypao Beach

コンビニエンス・ストア大阪 S

P.37 バス停16番
Bus Stop #16

ガーデン・ヴィラ
Garden Villa Hotel

中国庭園
China Park

P.120 ジャマイカン・グリル
Jamaican Grill

P.113 トニー・ローマ
Tony Roma's

パン・
パシフィック
ダイバーズ
Pan Pacific Div

イパオ・ビーチ・パーク P.124 スノーベリー・デザート・カフェ
Ypao Beach Park / Snowberry Dessert Cafe

P.45 カフェ・グッチャ
Café Gudcha
P.110

ロイヤル・オーキッド
Royal Orchid Guam Hotel

P.115
メスクラ・ドス
Meskla Dos

P.31

プロア タモン店
Proa Tumon

「I♥GUAM」のウォールアート

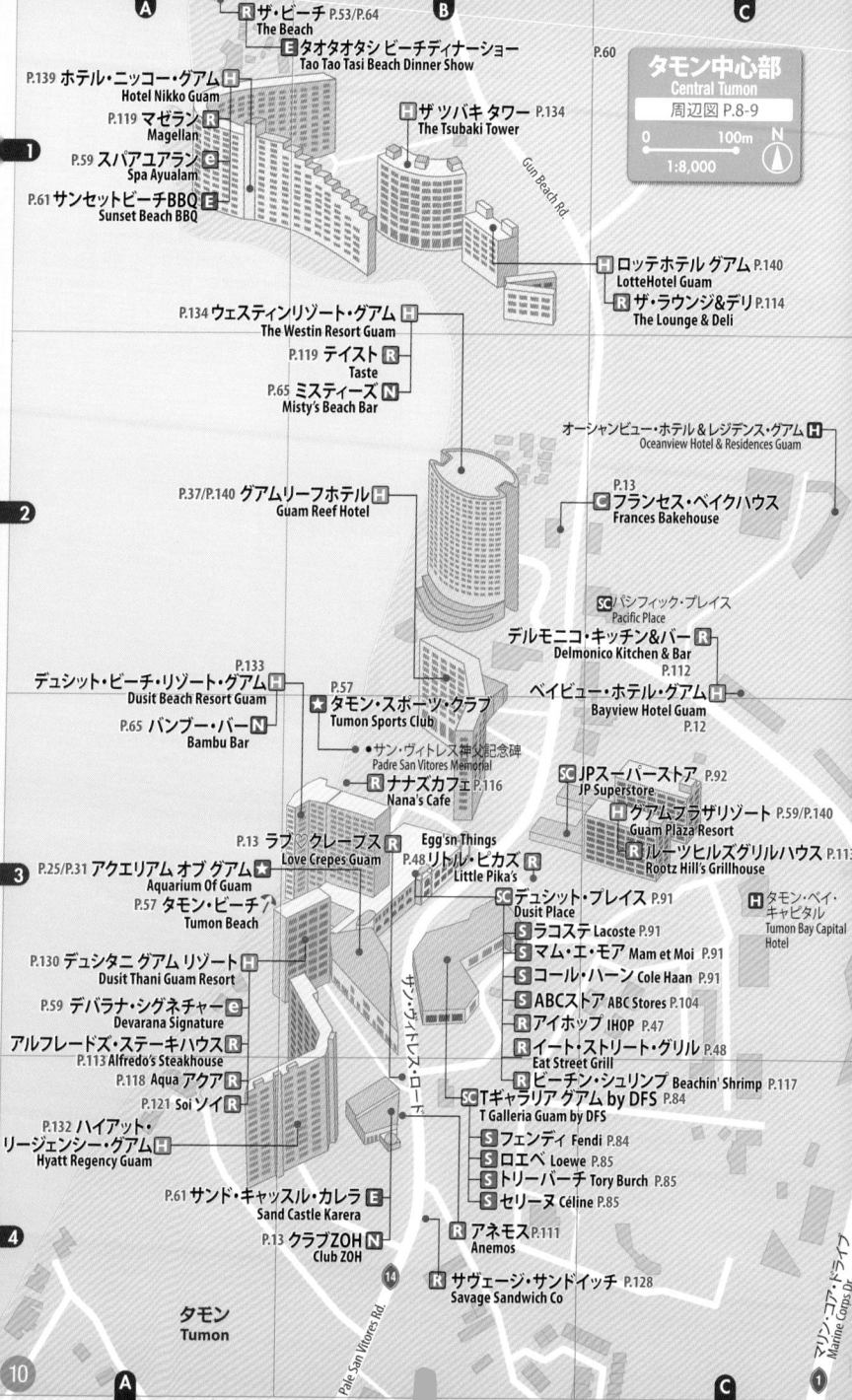

タモン中心部
Central Tumon
周辺図 P.8-9
0　　100m
1:8,000
N

P.53/P.64 ザ・ビーチ
The Beach

タオタオタシ ビーチディナーショー
Tao Tao Tasi Beach Dinner Show

P.60

P.139 ホテル・ニッコー・グアム
Hotel Nikko Guam

P.119 マゼラン
Magellan

ザ ツバキ タワー P.134
The Tsubaki Tower

Gun Beach Rd.

P.59 スパアユアラン
Spa Ayualam

P.61 サンセットビーチBBQ
Sunset Beach BBQ

ロッテホテル グアム P.140
LotteHotel Guam

ザ・ラウンジ&デリ P.114
The Lounge & Deli

P.134 ウェスティンリゾート・グアム
The Westin Resort Guam

P.119 テイスト
Taste

P.65 ミスティーズ
Misty's Beach Bar

オーシャンビュー・ホテル&レジデンス・グアム
Oceanview Hotel & Residences Guam

P.37/P.140 グアムリーフホテル
Guam Reef Hotel

P.13 フランセス・ベイクハウス
Frances Bakehouse

パシフィック・プレイス
Pacific Place

デルモニコ・キッチン&バー
Delmonico Kitchen & Bar
P.112

P.133 デュシット・ビーチ・リゾート・グアム
Dusit Beach Resort Guam

P.57 タモン・スポーツ・クラブ
Tumon Sports Club

P.65 バンブー・バー
Bambu Bar

ベイビュー・ホテル・グアム
Bayview Hotel Guam
P.12

サン・ヴィトレス神父記念碑
Padre San Vitores Memorial

ナナズカフェ P.116
Nana's Cafe

JPスーパーストア P.92
JP Superstore

グアムプラザリゾート P.59/P.140
Guam Plaza Resort

P.13 ラブ♡クレープス
Love Crepes Guam

Egg'sn Things

ルーツヒルズグリルハウス P.113
Rootz Hill's Grillhouse

P.25/P.31 アクエリアム オブ グアム
Aquarium Of Guam

P.48 リトル・ピカズ
Little Pika's

デュシット・プレイス P.91
Dusit Place

P.57 タモン・ビーチ
Tumon Beach

ラコステ Lacoste P.91

マム・エ・モア Mam et Moi P.91

タモン・ベイ・キャピタル
Tumon Bay Capital Hotel

P.130 デュシタニ グアム リゾート
Dusit Thani Guam Resort

コール・ハーン Cole Haan P.91

ABCストア ABC Stores P.104

P.59 デバラナ・シグネチャー
Devarana Signature

アイホップ IHOP P.47

アルフレードズ・ステーキハウス
Alfredo's Steakhouse
P.113

イート・ストリート・グリル P.48
Eat Street Grill

P.118 Aqua アクア
Aqua

ビーチン・シュリンプ Beachin' Shrimp P.117

P.121 Soi ソイ
Soi

Tギャラリア グアム by DFS P.84
T Galleria Guam by DFS

P.132 ハイアット・
リージェンシー・グアム
Hyatt Regency Guam

フェンディ Fendi P.84

ロエベ Loewe P.85

トリーバーチ Tory Burch P.85

セリーヌ Céline P.85

P.61 サンド・キャッスル・カレラ
Sand Castle Karera

アネモス P.111
Anemos

P.13 クラブZOH
Club ZOH

14

サヴェージ・サンドイッチ P.128
Savage Sandwich Co

タモン
Tumon

Pale San Vitores Rd.

マリン・コア・ドライブ
Marine Corps Dr.

TRAFFIC INFORMATION
グアムの交通

**ハガニアや少し離れたショッピングセンターへ行く場合は赤いシャトルバスが便利。
島内の北部や南部へはレンタカーで行くか、気楽さを優先してツアー利用がよい。**

観光に便利なルートが豊富

赤いシャトルバス
Red Guahan Shuttle

グアム観光の中心であるタモンやタムニング、ハガニア周辺の主要スポットを巡るシャトルバス。ラム・ラム・ツアーズが運行している。現在7つのルートが運行しているが変更する場合もあるので、公式HPや観光案内所で最新情報を手に入れたい。

チケットの種類

1回乗車券のほか、1～5日間乗り放題券、チャモロビレッジへの往復チケット、1～5日間乗り放題券などがある。Guam Red ShuttleのHPでeチケットを購入して、ドライバーに提示するだけで赤いシャトルへの乗車が可能。ドライバーからバス券を直接購入することもできる。
🅗 https://guamredshuttle.com/

チケット	利用可能シャトル	運賃
1回乗車券	タモンシャトル北回り、南回り	$7
1日券	タモンシャトル北回り、南回り	$15
2日間券	タモンシャトル北回り、南回り	$20
3日間券	タモンシャトル北回り、南回り	$25
4日間券	タモンシャトル北回り、南回り	$30
5日間券	タモンシャトル北回り、南回り	$35
デデド朝市シャトル往復券	デデド朝市シャトル	$20
チャモロビレッジシャトル往復	チャモロビレッジシャトル	$15
チャモロビレッジシャトル往路片道	チャモロビレッジシャトル	$8

※子供は6～11歳。5歳以下は無料
現地購入場所 空港、グアム・プレミア・アウトレット、Tギャラリア グアム by DFS、マイクロネシア・モールなどにあるチケットカウンター、旅行会社やホテルのツアーデスクなど。直接ドライバーから購入することもできるが、全種類揃っていないこともあるので注意。

赤いシャトルバスの乗り方

① 停留所を探す

赤い看板が停留所の目印。日本語表記もあるので安心だ。チケットカウンターなどでチケットを買った場合は路線図や時刻表をもらっておこう。

② チケットを提示して乗車

停留所に人がいれば停車してくれる。eチケットを提示するか乗るときに運転手に料金を支払う。

📝 レトロな車内は SNS映え抜群!

③ バスを降りる

乗車中、手や顔をバスの外に出すのは危険なので絶対にしないようにしよう。オープンエアなので帽子などが風に飛ばされないように持ち物には常に注意を。また、車内は飲食禁止となっている。目的地近くの停留所に着いたら席を立って降りよう。

📍 ショッピングセンターの無料シャトル

ショッピングセンターの無料シャトルや送迎サービスも活用したい。Tギャラリア by DFSとマイクロネシア・モールは、各主要ホテルを通る無料のシャトルバスを約20～30分間隔で運行している。

気ままで自由な旅にもってこい

レンタカー　Rent a car

時間や距離を気にせず、行きづらい場所にもアクセスできる機動力が魅力。人数が多ければ交通費の節約にもなる。レンタカー会社には日本の問い合わせ先があるところも多いので、事前予約がおすすめ。コース検討も含め下準備はスムーズなドライブのキモとなる。

予約時に確認しておきたいポイント

運転免許証

21歳以上で日本の運転免許証を持っていれば、グアム到着30日以内は国際免許証がなくても車の運転をすることができる。国際免許証が必要な場合は居住区の免許センターなどで取得しよう。

保険への加入

会社によりシステム・内容は異なるが、大手であれば予約時に自車両損害補償制度(LDW/CDW)、自動車損害賠償保険(LI/LP)は自動的に加入になることが多い。ほかにも任意で加入できる保険があるので、高額の医療費や盗難などに備え適宜加入しておくとよい。代表的なもので搭乗者傷害保険/携帯品保険(PAI/PEC)、追加自動車損害賠償保険(LIS/SLI)などがある。

チャイルドシート

グアムの州法では子どもの年齢や身長、体重によってチャイルドシート、ブースターシートの利用が細かく定められている(8歳以上かつ身長約145㎝以上の場合はシートベルト着用で可)。予約時に申し込んでおきたい。

主なレンタカー会社と車種

グアムの主な大手は、アラモ、エイビス、ダラー、ニッポン、ハーツ、バジェットあたり。各社とも日本車を多く扱っている。人気の車種は早めに予約を。

運転制限の年齢に注意

利用条件は会社によって異なるが、21歳以上という場合が多い(なかには18歳以上ならOKという会社も)。また25歳未満のヤングドライバーの場合、別途料金がかかることもある。詳細は各会社に問い合わせを。

夜間や荷物が多いときに便利

タクシー　Taxi

タクシーの呼び方

流しのタクシーはいないので、ホテルのフロントやお店のスタッフに頼んで配車してもらう。空港や主要なショッピングセンターならタクシーカウンターがある。レストランやショップのスタッフに呼んでもらった場合は$1程度のチップを渡すとスマート。観光スポットなどの場合は、乗ってきたタクシーに希望の時間などを伝えておけば迎えにきてくれる。大手タクシー会社のミキタクシーの場合、電話で配車予約をすることもできる(英語のみ)。

ミキタクシー　Miki Taxi
☎671-646-2444 (英語)
🕐24時間
🌐http://mikitaxiguam.com/jpn/

料金はどのくらい?

料金はメーター制でどの会社も一律に定められている(リムジンやチャーターの場合を除く)。乗車したらまず、メーターがゼロになっていることを確認しよう。また、運転手のIDも乗客に見える位置に表示することになっているので、念のため控えておくと安心。

一般的なタクシー料金

基本料金	$2.40
最初の1マイル (約1.6km)	$4
追加料金	1/4マイル毎に$0.80 待ち時間2分毎に$0.80
チップ	料金の10〜15%程度 荷物1個につき$1程度

タモンから主なスポットへの料金目安

グアム国際空港	$20
Kマート	$12
マイクロネシア・モール	$12
グアム・プレミア・アウトレット	$15
恋人岬	$20
ハガニア	$30
メリッソ桟橋(ココス島船着場)	$100

その他の注意点

日本とグアムのタクシーでは異なる点も多い。グアムではタクシーのドアは自動ではないので、自分で開けて乗り込み、降りるときも自分で閉めよう。支払いの際には硬貨ではなく紙幣で支払うのがスマート。チップを含めたキリのいい金額で支払いたい。なお、クレジットカードは使えないので注意。レシートには会社名や連絡先が記載してあるので、忘れ物をしたときや、次回利用するときのために保管をしておくとよい。

凡例
- タモンシャトル北回り
- タモンシャトル南回り
- 朝市シャトル
- チャモロビレッジシャトル

路線図の地名・停留所

パシフィックアイランドクラブ前 H

イパオパーク／GVB前 9

グアム政府観光局 8

イパオビーチパーク

フィエスタリゾート H

パシフィックスター H

ヒルトングアム 10

フローレス大司教像 ●

聖アンソニー教会 ●

リーガロイヤル・ラグーナ H 11

パシフィックアイランドクラブ向かい 14

ロイヤルオーキッド H

星野リゾート リゾナーレグアム H 12

サンタフェ H

グアムプレミア・アウトレット 13

GPO ●

K マート 15

チャモロビレッジ

日本総領事館（ITCビル内）●

タムニング郵便局 ●

スペイン広場 ●

ラッテストーン公園 ●

アントニオ B. ウォン・パット国際空港 ⊕

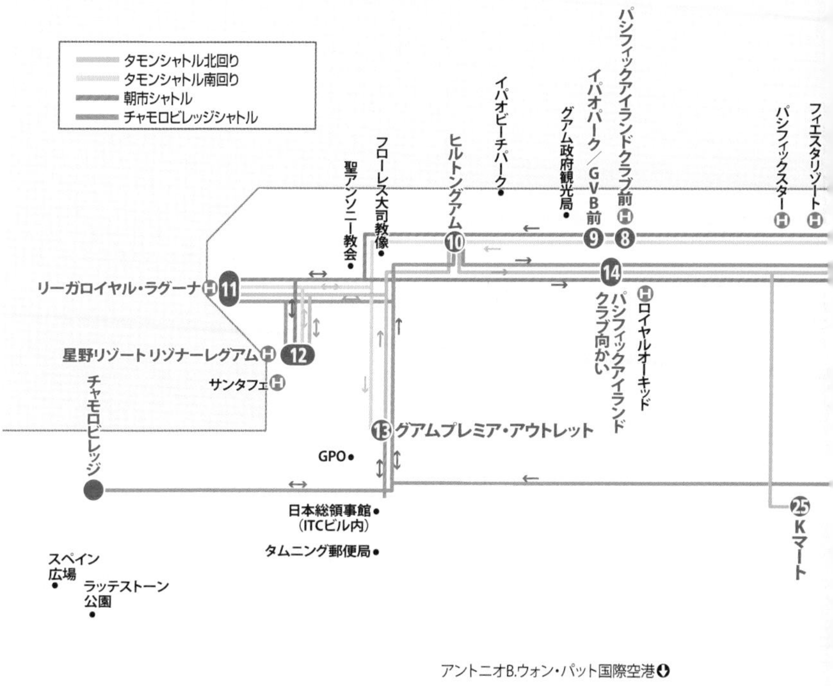

タモンシャトル 北回り・南回り
Tumon Shuttle

タモン、タムニングの主要ホテルとショッピングモールを結ぶ。マイクロネシア・モール行き（北回り）とグアム・プレミア・アウトレット行き（南回り）がある。

● 運行時間
9:07～21:49（南回り9:38～21:31）の間に1時間に1便ほど運行。

● 1回料金
1回乗車 $7（6歳未満は無料）

● バス
1・2・3・4・5日間乗り放題券

朝市シャトル
Frea Market Shuttle

タモン、タムニングの主要ホテルを経由してデデドの朝市へ向かう。土曜、往復1便のみの運行なので乗り遅れに注意。帰りは逆ルートだが、バス停は異なるので確認を。

● 運行時間
行き 5:10 ※星野リゾートリゾナーレグアム発時間
帰り 7:20

● 1回料金
往復 $20、いずれも6歳未満は無料

チャモロ ビレッジ シャトル
Chamorro Village Shuttle

毎週水曜夜、チャモロ・ビレッジのナイトマーケット開催に合わせてグアム・プレミア・アウトレット乗り場から直行便が運行。

グアム・プレミア・アウトレット発着
行き17:30、18:15発が運行。
帰り19:00、20:10発が運行。

● 1回料金
往復 $15、往路片道 $8、いずれも6歳未満は無料

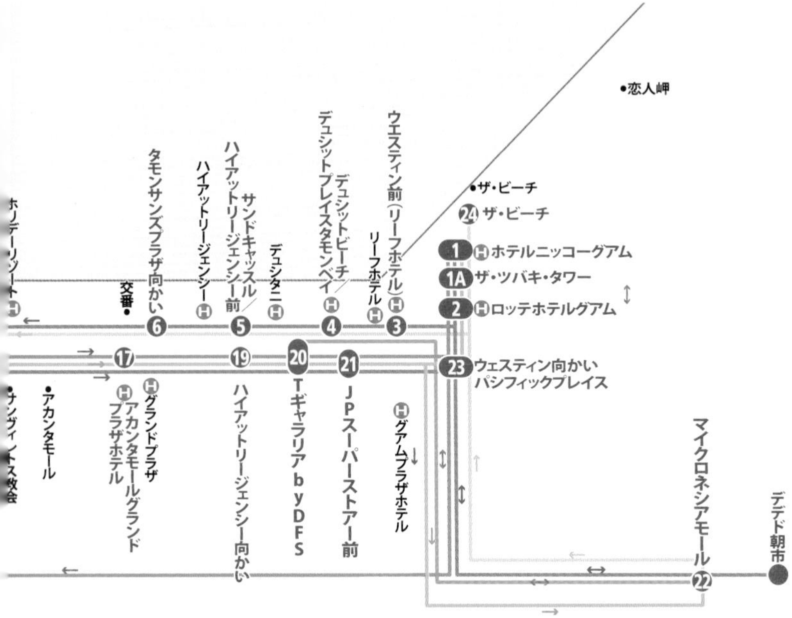

- 恋人岬
- ザ・ビーチ
- 24 ザ・ビーチ
- 1 Ⓗ ホテルニッコーグアム
- 1A Ⓗ ザ・ツバキ・タワー
- 2 Ⓗ ロッテホテルグアム
- 23 ウェスティン向かい パシフィックプレイス
- 22 デデド朝市

- ホンデーリゾートⒽ
- ナンヴィィトス牧会
- アカンタモール
- タモンサンズプラザ向かい
- 交番●
- 6
- ハイアットリージェンシー前Ⓗ
- サンドキャッスル
- 5
- デュシタニⒽ
- 4
- デュシットプレイスタモンベイ
- デュシットビーチ／リーフホテル
- 3
- ウェスティン前（リーフホテル）Ⓗ
- Ⓗグアムプラザホテル
- 17
- 19
- 20
- 21
- ●アカンタモール
- Ⓗグランドプラザ
- Ⓗアカンタモールグランド プラザホテル
- ハイアットリージェンシー向かい
- TギャラリアbyDFS
- JPスーパーストアー前
- マイクロネシアモール

旅の英会話
ENGLISH CONVERSATION

グアムでは日本語が通じる店も多いが、現地の人と意思の疎通を図るために基本的な英語は覚えておきたい。

基本フレーズ

□□□□をください（お願いします）。
□□□□, Please.
プリーズ

ex. コーヒーをください。
Coffee, Please.
コーフィー プリーズ

□□□□はどこで買えますか。
Where can I get □□□□?
ウェア キャナイ ゲット

ex. 水はどこで買えますか。
Where can I get mineral water?
ウェア キャナイ ゲット ミネラル ウォーター

□□□□まで距離はどのくらいですか。
How far is it from here to □□□□?
ハウ ファ イズィット フロム ヒヤ トゥ

ex. ハガニアまで距離はどのくらいですか。
How far is it from here to Hagatna?
ハウ ファ イズィット フロム ヒヤ トゥ アガニャ

□□□□へはどうやって行けばいいですか。
How do I get to □□□□?
ハウ ドゥ アイ ゲットゥ

ex. Kマートへはどうやって行けばいいですか。
How do I get to K mart?
ハウ ドゥ アイ ゲットゥ ケーマート

《タクシー内で》□□□□まで行ってください。
To □□□□, Please.
トゥ　　　　　　プリーズ

ex. ニッコー・ホテルまで行ってください。
To Hotel Nikko, Please.
トゥ ホテル ニッコー プリーズ

□□□□行きのバス乗り場はどこですか。
Where is the bus stop for □□□□?
ウェア イズ ザ バス ストップ フォー

ex. 恋人岬行きのバス乗り場はどこですか。
Where is the bus stop for Two Lovers Point?
ウェア イズ ザ バス ストップ フォー トゥー ラバーズ ポイント

このバスは□□□□へ行きますか。
Does this bus go to □□□□?
ダズ ディス バス ゴートゥ

ex. このバスはKマートへ行きますか。
Does this bus go to K mart?
ダズ ディス バス ゴー トゥ ケーマート

街なかでの会話

タクシー乗り場はどこですか。
Where can I get a taxi?
ウェア キャナイ ゲッタ タクスィー

《バス車内で》この席は空いていますか。
May I sit here?
メアイ シット ヒア

両替はどこでできますか。
Where can I exchange money?
ウェア キャナイ エクスチェンジ マニー

写真を撮っていただけますか。
Could you take our pictures?
クッジュー テイク アワ ピクチャーズ

日本語を話せる人はいますか。
Is there anyone who speaks Japanese?
イズ ゼア エニワン フゥ スピークス ジャパニーズ

トイレはどこですか。
Where is the restroom?
ウェア イズ ザ レストルーム

このホテルまでタクシー代はいくらくらいですか。
How much does it cost to this hotel by taxi?
ハウ マッチ ダズィット コスト トゥ ディス ホテル バイ タクスィー

歩いてそこまで行けますか。
Can I walk there?
キャナイ ウォーク ゼアー

建物の中に入れますか。
Can I go inside this building?
キャナイ ゴー インサイド ディス ビルディング

開館時間は何時ですか。
What time does it open?
ウァッツ タイム ドゥー イット オープン

無料のWi-Fiはありますか。
Do you have a free Wi-Fi service?
ドゥー ユー ハブ ア フリー ワイファイ サービス

景色がきれいなところはどこですか。
Where is the place with a nice view?
ウェア イズダ プレイス ウィズ ア ナイス ヴュー

休めるところはありますか。
Is there a place where I can rest?
イズ ゼアー ア プレイス ウェアー アイ キャン レスト

（聞き取れなかった時）もう一度おねがいします。
Could you repeat it again?
クッジュー リピート イット アゲイン

ショッピングでの会話

見ているだけです。
I'm just looking.
アイム ジャスト ルッキング

試着してもいいですか。
Can I try it on?
キャナイ トゥライット オン

大きい(小さい)サイズはありませんか。
Do you have a bigger(smaller) one?
ドゥ ユー ハヴァ ビッガー(スモーラー) ワン

これはいくらですか。
How much is this?
ハウ マッチ イズ ディス

これをください。
I'll take this.
アイル テイク ディス

クレジットカードで払えますか。
Can I use a credit card?
キャナイ ユーズア クレディット カード

領収書をください。
Can I have a receipt, please.
キャナイ ハヴァ リシート プリーズ

返品(交換)したいのですが。
I'd like to return(exchange) this.
アイドゥ ライク トゥ リターン(エクスチェンジ) ディス

免税で買えますか。
Can I buy it Tax-Free?
キャナイ バイ イット タックス フリー

免税の手続きの方法を教えてください。
Would you tell me how to make it Tax-Free?
ウッドゥユー テル ミー ハウ トゥー メイキット タックス フリー

私には(そのサイズは)合いません。
It doesn't fit me.
イット ダズント フィット ミー

□□□□を探しています。
I'm looking for □□□□.
アイム ルッキング フォー

これの青色はありますか。
Do you have a blue one?
ドゥー ユー ハブ ア ブルー ワン

手にとってもいいですか。
Can I pick it up?
キャナイ ピッキング アップ

人気のものはどれですか。
Which one is popular?
ウィッチ ワン イズ ポピュラー

別々に包んでください。
Could you wrap these individually?
クッジュー ラァップ ズィーズ インディヴィドゥアリー

レストランでの会話

おすすめの料理はどれですか。
What is the recommended dish?
ホワッティズ ザ リコメンデッド ディッシュ

メニューをください。
May I have a menu, please?
メアイ ハヴァ メニュー プリーズ

日本語のメニューはありますか。
Do you have a menu in Japanese?
ドゥ ユー ハヴァ メニュー イン ジャパニーズ

注文してもいいですか。
May I order?
メアイ オーダー

注文したものがまだきていません。
My order hasn't come yet.
マイ オーダー ハズント カム イェット

持ち帰ります。
To go, please.
トゥ ゴー プリーズ

会計をお願いします。
Check, please.
チェック プリーズ

別々に会計してください。
We'd like to pay separately.
ウィードゥ ライク トゥー ペイ セパレートリー

サービス料は含まれていますか。
Does it include service charge?
ドゥズィット インクルードゥ サービス チャージ

席を予約する必要はありますか。
Do I need a reservation?
ドゥー アイ ニード ア リサヴェーション

庭の見える席をお願いします。
We'd like a table on the garden.
ウィーッド ライク ア テイブル オン ザ ガーデン

予約を取り消したいのですが。
I want to cancel my resavation.
アイ ウォンチュー キャンセル マイ リサヴェーション

何時でしたら予約がとれますか。
What time can we reserve a table?
ウァッタイム キャン ウィー レサーヴ ア テイブル

これはどんな料理ですか。
What kind of dish is this?
ウァット カインド オブ ディッシュ イズ ディス

同じ料理をください。
I'd like the same one please.
アイドゥ ライク ザ セイム ワン プリーズ

名物料理はありますか。
Do you have any local food?
ドゥーユー ハブ エニー ローカル フード

ホテルでの会話

予約をしているのですが。
I have a reservation.
アイ ハヴァ リザヴェイション

今チェックインはできますか。
Can I check in now?
キャナイ チェック イン ナウ

荷物を預かってください。
Please keep my luggage.
プリーズ キープ マイ ラゲッジ

部屋のシャワーが壊れています。
Shower is broken in my room.
シャワー イズ ブロークン イン マイ ルーム

Wi-Fiのパスワードを教えてください。
Could you tell me the Wi-Fi password?
クッジュー テルミー ザ ワイファイ パスワード

締め出されてしまいました。
I locked myself out.
アイ ロックド マイセルフ アウト

チェックアウトは何時ですか。
When is the check out time?
ウェン イズ ザ チェック アウト タイム

チェックアウトお願いします。
Check out, please?
チェック アウト プリーズ

タクシーを呼んでください。
Could you call a taxi?
クッジュー コーラァ タクスィ

貴重品を預かってください。
Could you store my valuables?
クッジュー ストア マイ ヴァリュアブルズ

空港行きのバスはありますか。
Is there a bus that goes to the airport?
イズ ゼア ア バス ザット ゴーズ トゥー ジ エアポート

レストランの予約をお願いしたいのですが。
Coud you make a restaurant reservation?
クッジュー メイク ア レストラン リザヴェイション

朝食は何時からですか。
What time does breakfast start?
ワット タイム ダズ ブレックファスト スタート

部屋に忘れ物をしました。
I left someting in my room.
アイ レフト サムシング イン マイ ルーム

明日の朝7時にモーニングコールをお願いします。
Please wake me up at seven
プリーズ ウェイク ミー アップ アット セヴン
tomorrow morning.
トゥモロー モーニング

観光地での会話

観光案内所はどこですか。
Where is the tourist information center?
ウェア イズ ザ ツーリスト インフォメーション センター

パンフレットをください。
Can I have a brochure?
キャナイ ハバ ア ブロシュア

入場料はいくらですか。
How much is admission?
ハウ マッチ イズ アドミション

館内マップはありますか。
Do you have a floor map?
ドゥ ユ ハバア フロア マップ

行き方を教えてください。
Could you tell me how to go there?
クッジュー テル ミー ハウ トゥ ゴー ゼア

ここから遠いですか。
Is it far from here?
イズ イット ファー フロム ヒア

アクティビティでの会話

どんなアクティビティがありますか。
What kind of activities do you have?
ワット カインド オブ アクティヴィティーズ ドゥ ユ ハブ

集合場所はどこですか。
Where is the meeting point?
ウェア イズ ザ ミーティング ポイント

必要な持ち物はありますか。
Do I have to bring anything?
ドゥ アイ ハフトゥ ブリング エニスィング

旅行保険に入っていますか。
Do you have a travel insurance?
ドゥ ユウ ハバトラベル インシュランス

半日ツアーはありますか。
Do you have a harf day tour?
ドゥ ユウ ハヴ ア ハーフ デイ ツアー

送迎はありますか。
Does it include a pickup service?
ダズ イッ イングルード ア ピックアップ サービス

何時出発ですか。
What time does it leave?
ワッ タイム ダズ イッ リーヴ

このアクティビティにします。
I'd like to join this activity.
アイドゥ ライク トゥ ジョイン ジス アクティヴィティー

ツアーをキャンセルしたいのですが。
I'd like to cancel the tour.
アイドゥ ライク トゥ キャンセル ザ ツアー

料金表を見せてもらえますか。
Can I see the price list?
キャナイ シー ザ プライス リスト

何分かかりますか。
How long does it take?
ハウ ロング ダズ イッ テイク

女性セラピストでお願いします。
I'd like a female therapist.
アイドゥ ライク ア フィーメイル セラピスト

何時なら予約ができますか。
What time can I make an appointment?
ワッ タイム キャナイ メイク アン アポイントメント

少し弱くしてください。
Could you make it lighter?
クッジュー メイク イッ ライター

これは何の香りですか。
What is this scent?
ワット イズ ジス セント

化粧品は買えますか。
Can I buy these cosmetics?
キャナイ バイ ジーズ コスメティクス

座席を倒していいですか。
Can I recline my seat?
キャナイ リクライン マイ シート

ブランケットをください。
Could I have a blanket?
クッド アイ ハヴ ア ブランケット

ちょっと通してください。
May I go through?
メイ アイ ゴー スルー

カートはどこにありますか。
Where can I find a baggage cart?
ウェア キャナイ ファインド ア バゲッジ カート

搭乗手続きは何時までですか。
When is the latest check in time?
ウェン イズ ザ レィティスト チェック イン タイム

予定通りに出発しますか。
Will this plane leave on schedule?
ウィル ジス プレイン リーヴ オン スケジュール

これを機内に持ち込みます。
I want to take this into the plane.
アイ ウォントゥ テイク ジス イントゥ ザ プレイン

警察を呼んでください。
Please call the police!
プリーズ コール ザ ポリース

事故に遭いました。
I had an accident.
アイ ハド アン アクスィデン

車が故障しました。
My car has broken down.
マイ カー ハズ ブロークン ダウン

財布を盗まれました。
My wallet was stolen.
マイ ウォレット ワズ ストールン

盗難証明書を作成してくれますか。
Could you make a theft report?
クッジュー メイクァ セフトゥ レポート

具合が悪いです。／頭痛がします。
I feel sick.／I have a headache.
アイ フィール スィック／アイ ハヴァ ヘディック

病院に連れて行ってもらえますか。
Please take me to a hospital.
プリーズ テイク ミートゥ ア ホスピタル

救急車を呼んでください。
Please call an ambulance.
プリーズ コール アン アンビュランス

海外旅行保険を使いたいです。
I would like to use travel insurance.
アイド ライクトゥ ユーズ トラベル インシュランス

保険用に診断書と領収書をください。
May I have a medical certificate and receipt for my insurance?
メアイ ハヴァ メディカル サーティフィケット
アンド レシート フォー マイ インシュランス

こんにちは
Hafa Adai
ハファ デイ

ありがとう
Si Yu'os Ma'ase
シジュウス マアセ

どうぞ
Put Fabot
プット ファボッ

元気ですか
Hafa Tatatmanu Hao?
ハファ タタマヌ ハウ

おはようございます
Buenas Dias
ブエナス ディアス

さようなら
Adios
アディオス

グアム

CONTENTS

グアムでぜったいしたい **10** のコト … 19
BEST 10 THINGS TO DO IN GUAM

本書の使い方

●本書に掲載の情報は2024年3〜4月の取材・調査によるものです。料金、営業時間、休業日、メニューや商品の内容などが、本書発売後に変更される場合がありますので、事前にご確認ください。
●本書に紹介したショップ、レストランなどとの個人的なトラブルに関しましては、当社では一切の責任を負いかねますので、あらかじめご了承ください。
●料金・価格は「$」で表記しています。また表示している金額とは別に、税やサービス料がかかる場合があります。
●電話番号は、市外局番から表示しています。日本から電話をする場合には→P.149を参照ください。
●営業時間、開館時間は実際に利用できる時間を示しています。ラストオーダー(LO)や最終入館の時間が決められている場合は別途表示してあります。
●休業日に関しては、基本的に年末年始、祝祭日などを除く定休日のみを記載しています。

本文マーク凡例

☎ 電話番号		Ｊ 日本語が話せるスタッフがいる
✆ 最寄り駅、バス停などからのアクセス		🍽 日本語のメニューがある
🏠 所在地　🅗 はホテル内にあることを示しています		⏰ 予約が必要、または望ましい
🈺 定休日		💳 クレジットカードが利用できる
🈟 料金		
🆗 公式ホームページ		

地図凡例

★ 観光・見どころ	［SC］ショッピングセンター	［i］観光案内所
🏛 博物館・美術館	［S］ショップ	�🏖 ビーチ
⛪ 教会	［E］エンターテインメント	⛳ ゴルフ場
★ アクティビティ	［N］ナイトスポット	✈ 空港
［R］飲食店	［e］エステ・スパ	
［C］カフェ	［H］宿泊施設	

あなたのエネルギッシュな好奇心に寄り添って、
この本はグアム滞在のいちばんの友達です!

誰よりもいい旅を! あなただけの思い出づくり

グアムへ出発!

南国に到着したら、まずは散歩かグルメかお買い物。
太陽に肌が慣れたら、いちばんの目的、アクティビティに挑戦!
朝から夜まで、極楽の島は遊びには事欠かない。
海で、街で、思いっきり遊ぼう!

ショッピングセンターで
お目当てのアイテムをゲット!

映えスポットも
たくさんあるよ

SHOPPING

グアム・プレミア・アウト
レットでリゾートウェア
をお得に手に入れよう

GUAM

BEACH

アクティビティも楽しめる
プライベートビーチへ

ツアーゲストのみ入れる
グアム・オーシャン・パー
クは居心地抜群！！

カラフルな熱帯魚が泳ぐ
グアムの海を満喫！

MARINE ACTIVITY

シュノーケリングやイル
カウォッチングなど、海
遊びの選択肢は無限大

タモン・ビーチ(P.57)　5

RELAX

メニューも豊富に揃うス
パアユアランで癒やし
のリゾート時間

RESORT HOTELS

ウェスティンリゾート・グア
ムのプールサイドでのんび
りと南国気分を満喫

リゾートホテルで
おしゃれな朝食タイム

恋人岬(P.34)

グアム随一の美景が待つ 恋人岬は外せない!!

GOLF

海越えコースがあるオン
ワード・マンギラオ・ゴル
フ・クラブでフルスイング

朝から夜まで
思いっきり遊ぼう!

SHOW

南国らしいダンスショー
とBBQが堪能できるサ
ンセットビーチBBQ

トロピカルカクテルを
海辺のバーで

一生の思い出になる
南海のサンセット

どこに何がある?
どこで何をする?

島はこうなっています!
グアムの街とエリア

全長約48kmの小さな島に、多彩な魅力が詰まったグアム。
エリアごとに楽しみ方もさまざま。

ブルーラグーンが鮮やかなタモン・ビーチ

リゾートホテルが軒を連ねるホテル・ロード

グアムリゾートの中心エリア

グアムの中心はココ!!

Ⓐ **タモン** ▶P.142
Tumon

リゾートホテルや大型免税店、エンターテインメント施設が集まるグアム観光の中心地。ホテルやレストランが軒を連ねる華やかなホテルロードは、夜遅くまでリゾート客で賑わう。

フィリピン海

フィッシュアイマリンパーク●

閑静な雰囲気と便利さが魅力

Ⓑ **タムニング** ▶P.144
Tamuning

閑静な住宅街に大型アウトレットを中心に商業施設やホテル、アクティビティ施設などが点在する便利な街。地元住民やリピーターにも愛されるエリアだ。

グアム唯一のアウトレットにも立ち寄りたい

アガット・マリーナ●

南部 Ⓕ

セッティ湾展望台●

●ソレダッド砦

●ココス・アイランド・リゾート(ココス島)

グアムってこんな島

旅の拠点はタモンを中心に、タムニング、ハガニアの3つの街で、エリア内はシャトルバスで移動できる。恋人岬のある北部をはじめ、中部、南部にも美しい自然や街並みなど魅力が満載。足を延ばす際はレンタカーやオプショナルツアーを利用したい。

ココ・パーム・ガーデン・ビーチ

N
0　　　5km

恋人岬

タモン・ビーチ

パオ・ビーチ

Ⓐ タモン

Ⓑ タムニング

Ⓒ ハガニア

Ⓔ 中央部

Ⓓ 北部

パガット・ケーブ

太平洋

タロフォフォの滝

イナラハン天然プール

ジャングルの中に出現するタロフォフォの滝

歴史あるグアムの首都

Ⓒ **ハガニア** ▶P.146
Hagatna

古代チャモロのラッテ・ストーン

美しい街並みが魅力の官庁街。スペイン統治時代の面影を残す建物が点在し、古代チャモロの遺跡やチャモロヴィレッジなどグアムの歴史と文化にふれられる。

美しいビーチや大自然が広がる

Ⓓ **北部**
Northern Guam

米軍基地や関連施設と、美しく手つかずの自然が隣り合うエリア。有名な恋人岬や、デデドの街で開かれる賑やかな朝市も人気。

東西で異なる魅力を満喫できる

Ⓔ **中央部**
Central Guam

西海岸側はフィッシュアイマリンパークやダイビングを満喫。東海岸側にはジャングルが残り、ダイナミックな自然を楽しめる。

豊かな自然とスペインの街並み

Ⓕ **南部**
Southern Guam

ジャングルと美しい海の景色が広がるエリア。歴史保護区になっているイナラハンには、スペイン統治時代の街並みが残されている。

まずはこれをチェック！
滞在のキホン

グアムへ出発する前に知っておきたいフライトや交通、通貨と物価、季節のイベント情報などをチェック。

グアムの基本

- **地域名(国名)**
  アメリカ合衆国
  準州グアム
  United States
  of America(Guam)
- **首都**
  ハガニア Hagatna
- **人口**
  約16万人
  (2023年推計)

- **面積**
  約544km²
- **言語**
  英語、チャモロ語
- **宗教**
  キリスト教
  (カトリックが多い)
- **政体**
  大統領制、連邦制
- **大統領**
  ジョー・バイデン
  (2021年1月～)

✈ 日本からの飛行時間

❖ 約3時間30分。直行便は日本各地から就航

日本からグアムまでは約3時間30分。直行便は成田や関西、中部、福岡など主要な空港から複数便就航。グアムの玄関口はグアム国際空港。主な航空会社は日本航空、ユナイテッド航空、チェジュ航空など。

グアム国際空港 MAP 付録P.5 E-3

💴 為替レート＆両替

❖ $1(USドル)=155円。銀行、両替所を利用

通貨の単位はUSドルで、$1＝155円(2024年5月現在)。両替はグアムではレートが悪く高いので、日本で済ませるのがベスト。現地での両替は、空港の両替所や銀行、大手ホテルのフロントで可能。安全性や利便性を考慮して、手持ちの現金は最小限にしたい。

パスポート＆ビザ

❖ 45日以内ならESTA渡航認証も不要

45日以内の観光なら、出入国カード「I-736」を提出すればESTA渡航認証も不要。46日以上の滞在であればESTA渡航認証が必要なので、渡航72時間前には手続きを。登録を怠ると搭乗拒否、入国拒否されることがある。90日以上滞在する場合はビザが必要。

気温と降水量

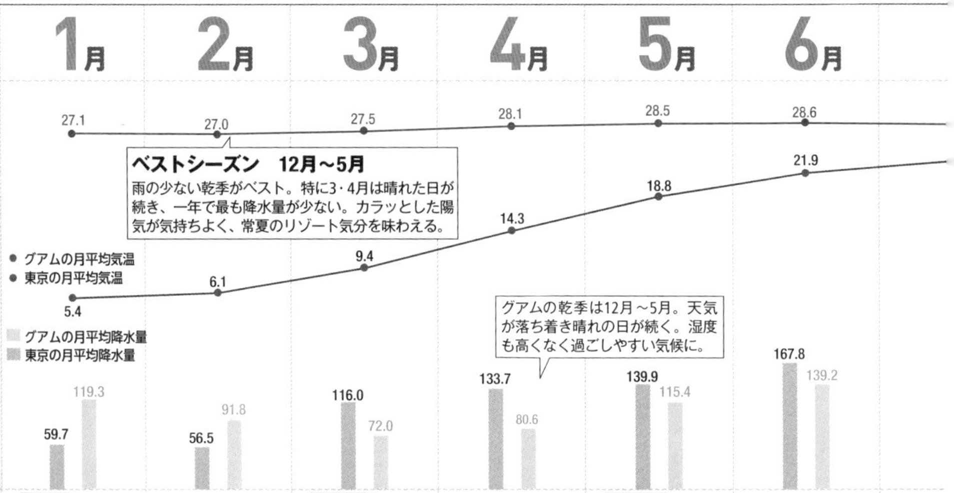

	1月	2月	3月	4月	5月	6月
グアムの月平均気温	27.1	27.0	27.5	28.1	28.5	28.6
東京の月平均気温	5.4	6.1	9.4	14.3	18.8	21.9
グアムの月平均降水量	59.7	56.5	116.0	133.7	139.9	167.8
東京の月平均降水量	119.3	91.8	72.0	80.6	115.4	139.2

ベストシーズン 12月～5月
雨の少ない乾季がベスト。特に3・4月は晴れた日が続き、一年で最も降水量が少ない。カラッとした陽気が気持ちよく、常夏のリゾート気分を味わえる。

グアムの乾季は12月～5月。天気が落ち着き晴れの日が続く。湿度も高くなく過ごしやすい気候に。

祝祭日

- **1月1日**
  元日
- **1月15日**
  マーティン・ルーサー・キング・ジュニア・デー(キング牧師記念日)*
  公民権運動の主導者
  キング牧師の誕生日

- **3月4日**
  ディスカバリー・デー*
  1521年3月6日にマゼランがグアム島を発見したことを記念

- **5月27日**
  メモリアル・デー
  (戦没将兵追悼記念日)*
  兵役中に亡くなったアメリカ合衆国の兵士を追悼する

 **日本との時差**

❖ **日本との時差は＋1時間。日本が正午のとき、グアムは同日の午後1時となる**

東京	0	1	2	3	4	5	6	7	8	9	10	11	12	13	14	15	16	17	18	19	20	21	22	23
グアム	1	2	3	4	5	6	7	8	9	10	11	12	13	14	15	16	17	18	19	20	21	22	23	0

同日 ← → 翌日

言語

❖ **基本は英語。地名はチャモロ語が多い**

グアムの使用言語は英語。地名や料理名などにチャモロ語が使われていることもある。「Hafa Adai(ハファデイ)＝こんにちは」などの簡単なあいさつは覚えたい。観光客向けのツアー会社や大手のアクティビティの催行会社には日本人スタッフがいることが多い。

飲酒と喫煙

❖ **飲酒と喫煙は21歳から**

飲酒と喫煙は21歳からと定められており、違反すると罰金が科せられる。ともに公共の場やビーチ、公園、大型施設では禁止されているので、喫煙する場合は灰皿の置いてある喫煙スペースを探そう。また、深夜2時～朝8時までは酒類の販売が禁じられている。

チップ&物価

❖ **チップの支払いが必要。物価は日本より高い**

日本ではなじみのない習慣だが、チップは「労働賃金の一部」とされ払うのが当たり前。レストランやタクシーでは料金の10～15％、ホテルのルームキーパーやポーターには$1～2を目安に、サービスに対する感謝の気持ちとしてスマートに支払いたい。

治安

❖ **スリや置き引きなどの盗難に注意**

犯罪の発生率は全米の平均に比べると低く、治安は比較的落ち着いているが、混雑する場所でのスリやビーチでの置き引きなどの盗難が多発している。荷物から離れない、ビーチに貴重品は持っていかない、声をかけられても注意を怠らないなどの安全対策を。

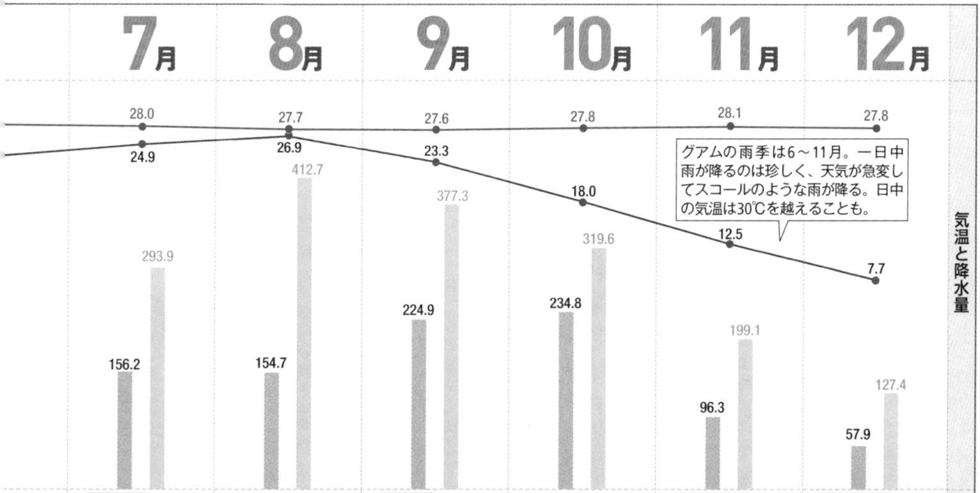

	7月	8月	9月	10月	11月	12月
気温	28.0	27.7	27.6	27.8	28.1	27.8
気温	24.9	26.9	23.3	18.0	12.5	7.7
降水量	293.9	412.7	377.3	319.6	199.1	127.4
降水量	156.2	154.7	224.9	234.8	96.3	57.9

グアムの雨季は6～11月。一日中雨が降るのは珍しく、天気が急変してスコールのような雨が降る。日中の気温は30℃を越えることも。

●7月4日
インディペンデンス・デー
(アメリカ独立記念日)
●7月21日
リベレーション・デー
(グアム解放記念日)
1944年、日本占領下のグアムに米軍が上陸したことを記念

●9月2日
レイバー・デー
(労働者の日) ＊
労働者を称え感謝する祝日

祝祭日、イベントの日程は2024年1月～12月のものです。祝祭日が土・日曜にかかる場合は前後の日が代休になることもあります。★は年によって日にちが変動する祝祭日

●11月1日
オール・ソウルズ・デー
●11月11日
ベテランズ・デー
(退役軍人の日)
●11月28日
サンクス・ギビング・デー(感謝祭) ＊

●12月8日
アワー・レディー・オブ・カマリン・デー
(聖マリア・カマリン記念日)
聖母マリアがキリストを受胎したことを記念
●12月25日
クリスマス

※月平均気温、月平均降水量は国立天文台編『理科年表2023』による。グアムの月平均気温は1995～2020年の平均値

NEWS & TOPICS

ハズせない
街のトレンド！

グアムのいま！ 最新情報

ニューオープンや街のトレンドなど、注目の最新ニュースをしっかり押さえて、旅のプランに組み込んでみたい。

2023年4月オープン

家族で遊び尽くせるホテル

星野リゾート リゾナーレグアム が誕生！！

遠浅の海に面し、ミクロネシア最大級のウォーターパークのある環境。ビーチアクティビティや砂浜でのピクニックを楽しみ、客室やレストランからのオーシャンビューに癒やされるビーチ・リゾート。

タムニング **MAP** 付録P.6 B-3

▶P136

サンセットビーチピクニック。4〜6月は鮮やかな夕陽が見られる

⬆ハガニア湾の眺めが楽しめるウイング棟オーシャンフロント

⬅最大1.2mの高波ほか、大小の波が押し寄せるウェーブプール

2022年11月オープン

タモンの主要なショッピングエリアまでアクセス抜群

タモンベイがすぐ目の前！

クラウン・プラザ・リゾート・グアム に注目！！

タモンベイの白砂の浜辺に面し、ビーチアクティビティに最適なうえ、ショッピングエリアや各種エンターテインメント施設も徒歩圏内にある。サンセット・ディナーショーや、タモンベイを望む屋外プールでのひとときを満喫。

タモン **MAP** 付録P.9 C-4

☎671-646-5880 ㊠サン・ヴィトレス・ロード沿い 所801 Pale San Vitores Rd, Tamuning 料①$220〜 客室数321室 HPwww.crowneplaza.com/ja/ 日本での予約先なし

独立したリビングエリアを備えるダブルベッドジュニアスイート

ベイビューバルコニーが魅力の

ベイビュー・ホテル・グアム が開業

タモン湾の美しい眺めと色とりどりのサンセット、ルーフトップバー、クラブラウンジ、隣接するレストラン、徒歩圏内のビーチなどの特典が魅力的。

タモン **MAP** 付録P.10 C-2

☎671-646-2300 ㊠サン・ヴィトレス・ロード沿い 所1475 Pale San Vitores Rd, Tumon 料①$200〜 客室数145室 HPwww.bayviewhotelguam.com/ja/about

2023年1月オープン

⬆客室の窓の外にはタモン街の街並みが広がる

プールエリアはリラックスできるソファを設置

ダンスショーはグアムで一度は見ておきたい

2023年5月オープン

トムホム・グリル＆バー で
グルメ＆バンドの生演奏を満喫

グアムでぜひ体験したいチャモロ文化のうち、ダンスと音楽、食が同時に楽しめるのがチャモロダンス＆バーベキューディナーショーだ。ステーキ＆ロブスターなどとともに味わいたい！

タモン MAP 付録P.9 D-3

▶P61

↑グアムの郷土料理、チキンケラグエン $9.99 はナチョスと一緒に

2023年4月オープン

キュートなクレープ店
ラブ♡クレープス がオープン!!

赤が基調の外観とパリのカフェ的雰囲気、テディベアが目印の店。原宿にヒントを得たという甘いクレープや、スモークサーモンをのせた甘くないガレットほか、ドリンク類のメニューも豊富で話題を呼んでいる。

タモン MAP 付録P.10 B-4

☎671-646-4499 ⊗サン・ヴィトレス・ロード沿い ㊟1225 Pale San Vitores Rd, Tamuning ⊗12:00〜22:00(土曜9:00〜、日曜は〜21:00) ㊡無休 J

写真映えも狙えるおしゃれな店内

↑開放的なテラス席もおすすめ

←自家製バニラカスタード、イチゴ、バナナ、焼きアーモンドなどをトッピングした「原宿インスピレーションラブクレープ」$16.99

ツーリストの夜の遊び場
クラブZOH が誕生

タモン中心部に誕生した収容人数600人の巨大クラブ。最先端の音響システム、照明、デジタル技術が駆使され、週末は若者やツーリストで盛り上がっている。

タモン MAP 付録P.10 B-4

☎671-646-8000 ⊗サン・ヴィトレス・ロード沿い ㊟1199 Pale San Vitores Rd, Tumon ⊗21:00〜翌2:00 ㊡日〜水曜 J

ラスベガス流最先端のライティング

↑アジアの有名クラブの元ヘッドDJのサウンドがフロアを盛り上げる

2023年2月オープン

地元で話題のベーカリー
フランセス・ベイクハウス が人気

小さな店ながらオープン以来「とにかくおいしい！」とローカルに評判。店内に厨房があり、焼きたてのパンが並ぶ。食パン、クロワッサン、ベーグルなどがメインで、カヌレやフィナンシェ、クッキーなどのパティスリーも人気だ。

タモン MAP 付録P.10 B-2

☎なし ⊗タモン地区ウェスティンリゾート・グアム隣 ㊟1Unit 103, 127 Gun Beach Rd.,Tumon, GU 96913 ⊗10:00〜14:00 ㊡月〜水曜 J

トワイスベークドアーモンドクロワッサ $6

↑きれいに並べられたパンはどれも美しく、おいしそう

至福のグアム モデルプラン

とびっきりの **3泊4日**

アクティビティもお買い物も、欲張って楽しみたいグアムの旅。
もちろんグルメやエステなど、スローな時間も忘れずに。

旅行には何日必要？

初めてのグアムなら

3泊4日 以上

フライトにもよるが、タモン中心にのんびり過ごすなら3泊4日でちょうどいい。南部まで足を延ばしたり、長時間のツアーを入れるなら、もう1日あるとベスト。

プランの組み立て方

❖ ツアーやアクティビティは
　日本での予約がベター
予約は現地でもできるが、日本で済ませておくと全体のスケジュールも立てやすいうえ、持ち物などもしっかり準備できる。
❖ ホテル選びは慎重に
リゾート気分を満喫したいなら断然オーシャンビューがおすすめ。買い物好きならショッピングセンターに近いホテルを選ぶと◎。
❖ 移動の手段を決めておく
タモンやハガニア周辺を移動するだけならシャトルバスやタクシーで十分。自由に島を巡りたいならレンタカーの予約をしておこう。
❖ 曜日限定イベントをチェック
土・日曜の朝市や水曜夜のナイトマーケットなどは、最初に組み込んでおくとプランが立てやすい。
❖ ショッピングは夜や
　帰国前がおすすめ
深夜まで開いているショッピングセンターが多いので、効率を考えて買い物は夜に楽しむのも手。
❖ 雨の日のプランも考えておく
雨の場合はショッピングのほか、水族館「アクエリウム オブ グアム」に行ってみるのもおすすめ。

【移動】日本□グアム

DAY 1

日本からグアムまでは約3時間半。余裕をもって過ごすために、できれば午前発の便を利用したい。

15:00 ➤ **グアム到着** ✈

送迎バスやタクシーで20分

グアム国際空港からタモンのホテル街までは車で約20分。

Hotel

ホテルはタモンエリアに集中している

16:00 ➤ **ホテルにチェックインしてビーチを散策**

ホテルに着いたら早速タモン・ビーチをお散歩。想像以上に澄んだエメラルドグリーンのビーチに、ワクワク感が止まらない！

Tumon Beach

➡このままサンセットまでのんびり過ごしても

徒歩10〜15分

17:00 ➤ **ビーチ用品を現地調達** 🛍

近くのショッピングセンターでトロピカルな水着やワンピースを調達。日焼け止めなども忘れずに。

➡ちょっと思いきったデザインにも挑戦してみたい

徒歩10〜15分

19:00 ➤ **ステーキを食べて
エネルギーチャージ** ▶P112

夕食は奮発してステーキハウスへ。ジューシーなお肉は食べごたえ抜群。明日から思いっきり楽しめそう。

Steak

ホテル併設のステーキハウスなら、味も雰囲気もお墨付き

【移動】タモン▷アガット▷デデド▷タモン

DAY 2

海沿いにあるお店でゆっくりと過ごせる！

↑種類豊富なパンケーキが楽しめる

午前中はイルカウォッチングツアーへ、午後は恋人岬で絶景を楽しもう。夜はディナーショーを満喫。

8:00

朝ごはんは定番のパンケーキで決まり！ ▶P46

🍴 *Pancake*

アメリカンな朝食といえば、やっぱりパンケーキ。フルーツやクリームと一緒にほおばれば、朝から幸せな気分に包まれる。

送迎バスで移動

9:00

ドルフィン・ウォッチングツアーに参加 ▶P26

野生のイルカに会いに、爽快なクルーズに出発。遭遇率がアップするという早朝がおすすめ。大海原を悠々と泳ぐ姿に感動すること間違いなし。

ほかのマリンスポーツを併せて楽しめるパックも人気

↑運が良ければ見事なジャンプが見られることも

送迎バスでタモンに戻り、シャトルバスに乗り換え10分ほど

Dolphin Watching Tour

15:30

ロマンティックな恋人岬へ ▶P34

タモンから近い人気の景勝地といえば恋人岬。シャトルバスが出ているのでアクセスは簡単。ハートロックウォールなど、インスタ映えするスポットも点在。

シャトルバスで10分

サンセットの時間を狙って訪れるのもおすすめ

↑突き出た断崖に設けられた展望台からの景色は抜群

↳恋人たちの聖地で思い出づくり

18:30

ホテルに戻ってディナーショーを鑑賞 ▶P60

ホテルに戻ってからディナーショーへ。伝統衣装に身を包んだダンサーたちの華やかなショーに大満足。

Show

↳食事はBBQやビュッフェなどが一般的

DAY 3

Market

きれいなビーチで思いっきり遊んだあとは、ハガニアまで足を延ばして少しディープなスポットを散策。

8:00

朝市でローカルなグアムにふれよう！ ▶P50

🛍

地元の人たちの暮らしを味わいたいなら朝市がおすすめ。おみやげにぴったりな洋服や雑貨、食べ歩きできるフードも多く並ぶ。

↑色鮮やかな野菜や果物が並ぶ

シャトルバスで40分

9:30

グアム・オーシャン・パークでプライベート感を満喫！ ▶P54

📷

賑やかなビーチもいいけれど、リゾート気分を味わいたいならプライベートビーチがおすすめ。送迎やアクティビティの付いたパックツアーに申し込もう。

> カヤックも体験できる！

> 大人から子どもまで楽しめるアクティビティが満載

Beach

送迎バスでタモンへ。タモンからハガニアまではタクシーなどで約20分

14:30

ハガニアに足を延ばして史跡＆ミュージアム巡り ▶P146

🏛

午後はグアムの政治と文化の中心であるハガニアへ。グアム・ミュージアムやスペイン広場、チャモロ・ヴィレッジなど、見どころが徒歩圏内に集まっている。

徒歩10〜15分

➡スペイン統治時代の面影が色濃く残るスペイン広場

History

> チャモロ文化を深く学べるグアム・ミュージアム

> 白亜の外観が美しい聖母マリア大聖堂

16:00

フィズ＆コーで
インスタ映えを狙う ▶P44

アメリカンでポップなインテリア
が人気のフィズ＆コー。パフェや
ハンバーガーなど軽食メニューも
充実しているので、街歩きの休憩
にぴったり。

Cafe

フードやドリ
ンクももちろ
んフォトジェ
ニック

⬆まるでフォトスタジオのような店内はどこを切り取ってもかわいいのひとこと

タクシーで20分

17:30

ナナズカフェでディナー ▶P116

多数の日本のメディアでも取り上げられてい
る人気店。白とブルーを基調とした店内は開
放感抜群で、海を眺めながら食事を楽しもう。

タモン湾の
すぐそばに店
がある

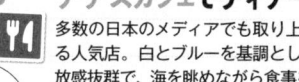

⬆シーフードを手づかみで豪快に

Dinner

シャトルバスで
20分

20:00

ホテルのスパで
リラックスタイム ▶P59

たくさん歩いた夜はホテルのスパで極上のご
褒美タイム。アロマの良い香りに包まれて、
ゆっくりと旅の疲れを癒やしたい。

➡日焼けやアレルギー
などを考慮しながらぴっ
たりのコースを選ぼう

友達同士や
カップルでの
同時の施術も

シャトルバスで
30分

水曜夜限定のお楽しみ

チャモロ・ヴィレッジ・ナイトマーケット
Chamorro Village Night Market

ローカルフードや雑貨の屋台が所狭しと並び、毎週大
賑わいのナイトマーケット。水曜の夜限定でシャトル
バスも運行するのでアクセスも便利。▶P62

Bar

22:00

一日のシメは
バーでしっとり ▶P64

グアム最後の夜だから、まだまだ楽
しみたい。旅の思い出を語りながら、
バーのカクテルで乾杯。

グアムの夜
を楽しみ尽
くせる！

⬆食事も音楽も楽しめるザ・ビーチ

【移動】タモン ▶ 空港 ▶ 日本

DAY 4

グアム最終日はショッピングに決まり。お目当ての
アイテムをゲットして、思い残すことなく日本へ。

⬆日本にはない新作
が見つかることも

➡世界中のブランド
コスメが揃い、コ
スメ好き必見

ハイブランド
の商品が免税
で安く購入で
きる

9:00

のんびり起きてスローな
朝ごはん ▶P46

最終日の朝はゆっくり
起きて近くのカフェ
へ。残されたグアムで
の時間をじっくりかみ
しめたい。

⬆アイホップのニュー
ヨーク・チーズケーキ・
パンケーキ

徒歩5〜10分

10:00

チェックアウトしてTギャラリア
グアムbyDFSでお買い物 ▶P84

ハイブランドが集結するTギャラリア グアム
by DFSで最後のショッピング。ギフトコーナー
も充実しているのでおみやげ探しにも最適。

直行バスで移動

13:00

空港へ移動して日本へ帰国

Tギャラリアから直行バスで空港へ。フ
ライトの2時間前には到着しておきたい。
空港には免税店やフードコートがある。

Tギャラリアからは空港への直行バスが
出ているので帰国前の買い物におすすめ

好みのままに。アレンジプラン

自然いっぱいのグアムを楽しむプランはほかにもいろいろ。あれこれ比較して選びたい。

ディープなグアムと出会う

レンタカーで南部を
一周ドライブ ▶P68

手つかずの自然が残る南部には、タ
ロフォフォの滝など名所がいっぱい。
各スポットの滞在時間にもよるが、
半日あれば南部を一周できる。

⬆ノスタルジックなイナラハン歴史保護区

グアムの空を遊覧する

セスナを操縦して
パイロット体験 ▶P80

飛行機を操縦するという、まさに夢
のような体験。日本人パイロットが
しっかりサポートするため、誰でも
安心して参加可能。

⬆上空から眺める夕焼けは格別

グアムの秘境を探検

オプショナルツアーで
天国の丘や洞窟へ ▶P74

グアムの自然を肌で感じたいならト
レッキングツアーに参加してみよう。
絶景が広がる天国の丘や、神秘的な
洞窟パガット・ケーブなどが人気。

⬆パガット・ケーブ

BEST 10 THINGS TO DO IN GUAM

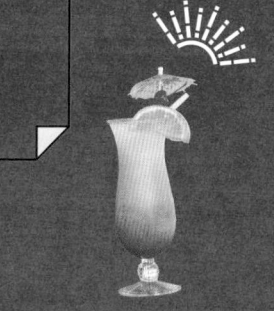

グアムで ぜったい したい 10のコト

Contents

きょうもあしたもあさってもアクティブにグイグイいきます！

01 海遊びで グアムの感動実現！

エキサイティングな
アクティビティが充実！

多彩で美しい海に囲まれたグアムはマリンアクティビティの宝庫。
日本ではなかなか体験できないものや、大自然の恩恵を
たっぷり受けた海遊びが満載だ。

Parasailing

海と空を眺めながら、爽快な浮遊体験!!
パラセイリングで空中散歩

一度は体験してみたい人気アクティビティの
パラセイリング。青い空と紺碧の海を見ながらの滑空は、
忘れられない体験になること間違いなし!!

常にボートか
らスタッフが
見ているので
安心

初心者でもOK!
鳥になったような
気分を味わって

スピードボートに引かれて
大海原を空中散歩

　ボートに引っ張られながら舞い上がり、爽快な空中散歩が楽しめるアクティビティ。ベンチシート型とハーネス型のものがあり、どちらも徐々に高度を上げ、上空30〜50mに達する。スリル満点のうえ、その高さから海原を見渡せる快感がクセになる！

主な体験スポット
スキューバ・カンパニー・マリンスポーツ
ビキニ・アイランド・クラブ ▶P31

グアムでぜったいしたい10のコト

グアムの青い空と海、風を感じて爽快！

最初は怖くてもやってみるとクセになる!!

▶ パラセイリングを体験!

スキューバ・カンパニー・マリン・スポーツ
Scuba Company Marine Sports

⬆水着を着用してバスでボート乗り場まで移動。滑りやすいのでヒールのある履物は不可

⬆ボートでのブリーフィング。パラセイリング中、ボート上での注意をしっかり聞いておこう

⬆安全を確認したら、いよいよ空に向かって出発！空中散歩を楽しんで！

21

透明度抜群の海でカラフルな魚たちと出会う

マリンブルーの世界で
熱帯魚探し

Underwater

ひとたび海中をのぞくと、そこは色とりどりのサンゴと熱帯魚たちのパラダイス。おなじみの魚や初めて見る生き物がいっぱい。

明るく透き通った海の中は色鮮やかな海洋生物たちの楽園

グアムの海は熱帯魚とサンゴの宝庫。一年中、さまざまな熱帯魚に出会うことができる。子どもたちも楽しめるシュノーケリングや専用ヘルメットをかぶり、顔を濡らさずに水中世界が楽しめるアクアウォークに挑戦し、色鮮やかなグアムの海を楽しみたい。

あっという間にたくさんの魚たちに囲まれる

手軽で安心なところが人気
シュノーケリング
Snorkeling

シュノーケルを身につけ、水面や比較的浅い海中世界を観察できる手軽さが人気。浮力のあるジャケットを装着するので、泳ぎが苦手な人でも安心して楽しめる。

所要時間 1時間〜

泳ぎに自信のない人や子どもでも楽しめる

ここで体験！

フィッシュアイマリンパーク
Fish Eye Marine Park

グアム中部 MAP 付録P2 C-3

海洋保護区であるピティ湾を満喫できるシュノーケリングツアー。その海中世界の美しさにリピーターも多い。ランチ付コースがおすすめ。

☎671-475-7777 所818 N. Marine Corps Dr., Piti
体験データ 竜宮城シュノーケリング
営1日3便 休無休 料$42、子供(4〜11歳)$24
HP www.ja.fisheyeguamtours.com

そのほかの主な体験スポット

ワンダラーズ
ゴー・ダイブ・グアム
スキューバ・カンパニー・マリンスポーツ
アクア・アカデミー
ビキニ・アイランド・クラブ
▶P31
グアム・オーシャン・パーク ▶P54

グアムの海で出会える生き物たち

トランクフィッシュ
斑点模様と尖った口がかわいらしい、人気のハコフグの仲間

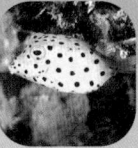

スダレチョウウオ
サンゴ礁に生息し、頭部の黒色帯と、尾の付け根にある黒色斑が特徴。全長20cm

比較的浅い海中にも熱帯魚やサンゴがいっぱい

ヘルメットダイビングで気軽に海中散歩

泳げなくても本物の海中を観察できる

シュノーケリングを体験!

↪器材レンタル込みなので、事前に水着を着てくるだけ。使い方の説明を受けて、桟橋の階段から海へ

↪透明度抜群の海は、遠くまで魚たちやサンゴが見えて感動。魚を間近で見られる餌付けタイムも楽しい

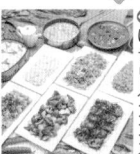

↪体験のあとには、レストランでボリュームたっぷりのバイキングランチ(ランチ付きコース)

水中でも普通に呼吸ができる

アクアウォーク

Aquawalk

手軽に海中散歩を体験し、自然の魚を観察できるアクアウォーク。普段どおりに呼吸できるヘルメットをかぶるので、めがねやコンタクトもそのまま使える。

所要時間 3時間30分

ここで体験!

スキューバ・カンパニー・マリンスポーツ

Scuba Company Marine Sports

タムニング MAP 付録P6 B-2

日本人または日本語が話せるスタッフが指導。専用ビーチやイルカウォッチングとのパックもある。DATAは▶ P31

アクアウォークを体験!

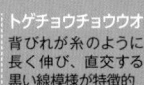

↪ジョークを交えた楽しいブリーフィング。注意事項はしっかり聞いて準備しよう

↪インストラクターがしっかりアシストしてくれるから不安定な足場でも大丈夫

↪ヘルメットをかぶりいよいよ水中世界へ。水に入れば重さはほとんど感じない

↪ビーチにはトイレ・シャワー完備。終了後、無料のビーチシュノーケルも楽しめる。

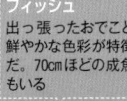

ピカソフィッシュ
和名はムラサメモンガラ。派手な模様が特徴的で、気が荒い

トゲチョウチョウウオ
背びれが糸のように長く伸び、直交する黒い線模様が特徴的

パロットフィッシュ
出っ張ったおでこと鮮やかな色彩が特徴だ。70cmほどの成魚もいる

アネモネフィッシュ
ミクロネシアに生息する、クマノミの固有種。尾びれが黒い

ゴートフィッシュ
頭の下にある2本のひげが特徴で、和名はオジサン。繁殖期にはやや赤くなる

ウケグチイットウダイ
サンゴ礁や岩礁のくぼみなどに、群れで隠れている美しい魚

Underwater

手が届きそうな距離に熱帯魚の群れがいっぱい

見事なサンゴが群生するコバルトブルーの海中世界

窓の外に広がる水深10mの海底
海中展望塔
Underwater Observatory

沖合300m、海洋保護区の美しい海底を観察できる海中展望塔。海の上を散歩するように桟橋を渡り、らせん階段を下りていくと、窓の外には熱帯魚が群れをなして泳ぐ水深10mの海底世界が広が

【所要時間】30分～

◀餌付けする様子を見ることもできる

360度方向に設置された24枚の窓からじっくり観察

ゲートの向こうに続く長い桟橋で海上散歩も楽しめる

ここで体験!
フィッシュアイマリンパーク
Fish Eye Marine Park

グアム中央部　【MAP】付録P2 C-3

海中展望塔を備え、シュノーケルなどのツアーも揃う。海中展望塔は、イルカウォッチングやディナーショー等とセットで参加するのがおすすめ。

DATAは ▶P22

【体験データ】海中展望塔見学ツアー 🕐9:00～17:00
🈺無休 💲$16、子供(4～11歳)$8
🏠 www.ja.fisheyeguamtours.com 🔅🔅▢

迫力満点の海底トンネルを歩く水族館へ

グアム唯一の本格的な水族館。水槽の中を散策できる驚きのアトラクションもある。

全長100mのトンネル水槽が圧巻

アクエリアム オブ グアム

Aquarium of Guam

タモン **MAP** 付録P10 B-3

グアム近海の約100種類の海洋生物に出会えるグアム唯一の水族館。100m続くトンネルは迫力満点。水槽の中を散策するシートレックが人気。

☎671-649-9191 ㊟サン・ヴィトレス・ロード沿い
㊞1245 Pale San Vitores Rd. ,Tumon㊟10:00～18:00㊡無休㊙$23、子供(3～11歳)$15㊟
www.aquariumofguam.com/jp♪♫▭
♿Tシャツやぬいぐるみが揃うギフトショップ

シートレックで水中の探索が楽しめる

人気の魚やウミガメ、サメを間近で見学

グアムでぜったいしたい10のコト

01 海遊びでグアムの感動実現！／熱帯魚

海の人気者を探しにクルーザーで出発!!

かわいいアイドルを追いかける
ドルフィン・ウォッチング

**南国の大海原をジャンプしながら楽しそうに泳ぐ野生のイルカたち。
遭遇率90%以上の感動のクルージング体験に挑戦!**

Dolphin Watching

人懐っこくボートに近づいてくる
遊び心いっぱいのイルカに感動

グアム沖に生息するハシナガイルカ
に出会える大人気のアクティビティ。
高い遭遇率を誇り、イルカたちが、
ボートのつくる波に乗ってサーフィン
するような姿が見られることも。運が
良ければ群れや赤ちゃんイルカにも出
会える。 所要時間 3時間30分

青く澄んだ海を自在に泳ぐ
野生イルカと出会う

間近に見る
野生のイルカ
の姿に感動

SUN CHASER

主な体験スポット
フィッシュアイマリンパーク ▶P22
ゴー・ダイブ・グアム
スキューバ・カンパニー・マリンスポーツ
ジェントリー・ブルー
ビキニ・アイランド・クラブ ▶P31

ドルフィン・ウォッチングを体験!

スキューバ・カンパニー・マリン・スポーツ
Scuba Company Marine Sports

きれいな海中の景色に時間も忘れそう!

⬆日本語ガイドがツアーの注意点などを説明。記念写真を撮りながらイルカ探しへ出発!

⬆イルカを探しながらのクルージング。スタートから1時間以内に見つけられる確率が高い

⬆通常は20頭程度の群れで泳ぐことが多いハシナガイルカ。ボートと一緒に泳いでくれる

⬆透明度抜群のポイントで、色とりどりの魚たちに囲まれるシュノーケリング体験

グアムでぜったいしたい10のコト

01 海遊びでグアムの感動実現!／ドルフィン・ウォッチング

(※メイン写真はアルパン・ビーチ・クラブ、そのほかはスキューバ・カンパニー・マリンスポーツ提供)

スリルと快感のあらゆる海遊びに挑戦しよう!

王道アクティビティを制覇!

Popular Activity

美しいグアムの海を、アクティブにめいっぱい楽しみたい!!
そんなときにおすすめの定番マリンアクティビティをご紹介。

マリンアクティビティの基本

予約は日本でも現地でも
日本からインターネットで予約可能。WEB予約特典や割引があるものも多い。天候などで決めたい場合は、現地に行ってからでもホテルのツアーデスクなどで予約ができる。

アクティビティはお得なパックで
ほとんどのツアー会社が複数のアクティビティをセットにしたパックツアーを催行している。一度にいろいろなマリンスポーツを楽しめるのでおすすめ。

ビーチへの持ち物を確認
飲み物、軽食、日焼け止め、ビーチシューズ、タオル、防水ポーチは必需品。トイレットペーパーもあると安心だ。お金は必要最低限の現金だけを防水ポーチで持参しよう。

水着の着替えはホテルの部屋で
ホテルの部屋で水着に着替えて、上にビーチドレスなどを着るのが簡単。ツアーなどで行くプライベートビーチには更衣室もあるが、ラクな方がよい。

年齢や身長制限をチェック
アクティビティによって、年齢や身長制限が設けられているが、保護者同伴ならOKのことも。また12歳以下の子どもを一人にすることは法律で禁止されているので注意しよう。

No.2 ジェットスキー *Jet Ski*
エメラルドグリーンの海をジェットスキーで勢いよく駆け抜ける!

最初は直線走行
慣れてきたら
コーナリングを

グアムでジェットスキーのデビューを飾ろう!

マリンスポーツの定番。日本では小型船舶免許が必要だが、グアムでは不要で講習を受ければすぐに乗れる。ハンドルとグリップ操作のみで運転でき気軽に楽しめる。

主な体験スポット
スキューバ・カンパニー・マリンスポーツ

ビキニ・アイランド・クラブ
詳細は ▶ P31

グアム・オーシャン・パーク
詳細は ▶ P54

波にバウンド
したり、スリル満点
で楽しい!!

Banana Boat

No.1 バナナボート

バナナのような形のボートに乗り海面を
走る、スリリングな海のジェットコースター

誰もが笑顔になる楽しさ
疾走感とスリルが魅力

バナナの形の浮き具に乗り、スピード
ボートに引っ張られるまま海上を疾走
する。単純な遊びだがスピード感があ
り、カーブの際には振り落とされそう
な勢いがあるので、つい笑いたくなる
楽しさだ。

主な体験スポット

**スキューバ・カンパニー・
マリンスポーツ**

ビキニ・アイランド・クラブ
詳細は ▶ **P31**

グアム・オーシャン・パーク
詳細は ▶ **P54**

スキューバ・カンパニー・マリンスポーツで
バナナボートを体験!

↑沖に出る場合はボートに乗
船。注意事項をしっかり聞こう

↑海に浮かぶボートは少し不安
定だけどスタッフがサポート

↑全員が乗船したら出発!滑走
中はしっかり手すりを握って

Sea Kayak

No.3 シーカヤック

パドルをこいで自分の力で
青く澄んだ海を滑る快感!

通常のボート
より船体が低いので
海がすぐ目前に

視線が海に近いので
魚になった気分を満喫

初心者でも気軽にパドル
を操れるので、近年人気
のアクティビティ。長さ
3m弱で浮力が強く、安
定性のあるボートで年代
問わず安心して遊べる。

主な体験スポット

ビキニ・アイランド・クラブ
詳細は ▶ **P31**

グアム・オーシャン・パーク
詳細は ▶ **P54**

スピーディだが
めったなことでは
落ちない仕組み

No.4 Screamer スクリーマー

海上をスピーディーに旋回する快感

2人用の乗り物に座ると、パワーのあるジェットスキーでぐるぐる引き回される。そのスリルと海上を滑る快感で人気のアクティビティ。

主な体験スポット
グアム・オーシャン・パーク
詳細は ▶ P.54

No.5 Wakeboard ウェイクボード

板状のボードに乗って海を疾走

ボートで引っ張られながら、ハイスピードで海上を滑走する。体験前にインストラクターのレクチャーがあるが、初心者には少し難易度高め。

主な体験スポット
グアム・オーシャン・パーク
詳細は ▶ P.54

スピードは
25〜35kmあり
スリリング！

アクティビティ
体験スポットLIST

**アクティビティを複数組み合わせたセットを
提供している催行会社が多い。**

複数の
アクティビティが
楽しめるセットが
おすすめ

スキューバ・カンパニー・マリンスポーツ

Scuba Company Marine Sports タムニング **MAP** 付録P.6 B-2

ヘルメットでの水中歩
行や、沖合でトランポ
リンが楽しめる「オー
シャンパーク」も。
☎671-649-3369 ⊗ペイレス・スーパーマーケッ
トそば ㉔238Farenholt Ave.,Tamuning
⊛7:30〜15:30 ㉻無休 ⊕scubaco.com ♪✆▭

主なプラン

アクティビティ	料金(年齢)	所要時間
パラセール&アクア&無料シュノーケル	$120(6〜11歳$94)	約4時間30分
アクアウォーク&無料シュノーケル	$63(8歳以上)	約3時間30分
イルカ&オーシャンパーク	$58(6〜11歳$30、5歳以下無料)	約3時間30分

ビキニ・アイランド・クラブ

Bikini Island Club グアム南部 **MAP** 付録P.3 F-4

海が美しいココス・ラ
グーンにあり、安らぎ
とアクティビティを同
時に満喫できる。
☎671-828-8889 ⊗メリッツォ桟橋前
㉔448 Chalan Kanton Tasi „Merizo
⊛9:00〜16:00 (ツアー開催時間) ㉻無休
⊕www.bikiniislandclub.com ♪✆▭

主なプラン

アクティビティ	料金(年齢)	所要時間
マリンパック	$155	5時間

まだまだあります

アクティビティ体験施設

アクティビティ派も大満足の人気マリンスポーツを体験でき、ディ
ナーショーなどが楽しめる総合ビーチリゾートも多く揃う。

フィッシュアイマリンパーク ▶**P22**
グアム・オーシャン・パーク ▶**P54**

海底世界を見学

アクエリアム オブ グアム

Aquarium Of Guam タモン **MAP** 付録P.10 B-3

サメやアオウミガメな
ど、太平洋やフィリピ
ン海に生息する生き物
に出会える水族館。
☎671-649-9191 ⊗デュシタニ グアム リゾー
ト内 ㉔1245 Pale San Vitores Rd Ste 400,
Tamuning, 96913 ⊛10:00〜18:00 ㉻無
休 ✆▭

主なプラン

アクティビティ	料金(年齢)	所要時間
水族館見学	$30、子供(3〜11歳)$20、2歳以下無料	2時間

ダイビング・シュノーケリング中心の
催行会社

**気軽なシュノーケリングからライセンスの取得まで、多彩な
コースが揃い、アクティビティとセットのものも。**

ゴー・ダイブ・グアム

Go Dive Guam タモン **MAP** 付録P.9 F-3

少人数制の自社ボートでプ
ライベートなダイビングが
楽しめる。カップルや家族
におすすめ。
☎671-688-8248 ⊗Pia Marine
Condominium近く ㉔PIAMARINE
193, Tumon Lane, Tamuning,
96913 ⊛7:00〜17:00 ㉻無休
godiveguam.com ♪✆▭

主なプラン

アクティビティ	料金(年齢)	所要時間
ビーチプライベート体験ダイビング	$150(2名〜)	3時間
ボート+ドルフィンウォッチング	$225(2名〜)	5時間

ワンダラーズ

Wanderers ピティ **MAP** 付録P.2 C-3

スキューバダイビング
とウミガメポートシュ
ノーケルの専門店。レ
ンタカーで割引も。
☎671-688-1163 ⊗マリーナ・ロード沿い ㉔
96915 Piti, Unnamed Road ⊛7:30〜18:
00 ㉻日曜 ⊕wanderers-guam.com ♪✆

主なプラン

アクティビティ	料金(年齢)	所要時間
ウミガメシュノーケリング	$80.5(8歳〜)	3時間
ビーチダイブ	$100(10歳〜)	2〜3時間

パン・パシフィック・ダイバーズ

Pan Pacific Divers タモン **MAP** 付録P.8 C-4

体験ダイビング、ライ
センスコースまで揃う。
初心者、1人参加OK。
☎671-888-8643 ⊗グアムオーシャンパーク内
㉔169 Bishop Flores St,Tamuning ⊛7:30〜18:00
㉻無休 ⊕www.panpacificdivers.com

主なプラン

アクティビティ	料金(年齢)	所要時間
パラセイリング+マリンアクティビティ	$130	5時間

ジェントリー・ブルー

Gently Blue タモン **MAP** 付録P.4 C-3

日本人スタッフが多
い。全アクティビティ
に無料写真付き。初心
者でもお気軽に。
☎671-646-0838 ⊗アルパンビーチタワー近
く ㉔108B Serenu Ave., Tamuning GU
96913 ⊛7:00〜18:00 ㉻無休
⊕www.gentlyblue.com ♪✆▭

主なプラン

アクティビティ	料金(年齢)	所要時間
ウミガメ体験ダイビング 1ビーチ+1ボート	$160	半日
イルカ+ウミガメシュノーケル	$110	半日

アクア・アカデミー

Aqua Academy ピティ **MAP** 付録P.2 C-3

シュノーケル、ライセンスコー
ス、レックに特化したダイビン
グが体験できる。
☎なし ⊗マリーナ・ロード沿い ㉔
317 Pitti,GU96915 ⊛8:00〜17:
00 ㉻無休
⊕aqua-academy.com ♪✆▭

主なプラン

アクティビティ	料金(年齢)	所要時間
エコロジースノーケル	$75	2時間

家族でもグループでも水遊びが楽しいのです！

02 童心にかえって ウォーターパークへ

Water Park

グアムに行ったら見逃せない！各種アクティビティが勢揃いしている ウォーターパークは遊びのメッカだ。それぞれ特徴があり、 子どものいるファミリーも安心して遊べるのも大きな魅力。

パシフィック・アイランド・ クラブ・グアム
Pacific Islands Club Guam

タモン **MAP** 付録P7 E-1

水中のアトラクションが 盛りだくさんの楽園

メインプールやウォータースライダー、 カヤックが楽しめるラグーンや、泳げる 水族館などが揃うグアム最大のウォー ターパーク。同名のホテルの併設だ。 クラブメイツというスタッフがいて、ウ インドサーフィンなどのインストラクター からパークのガイド、子どもたちの遊び 相手まで気さくに応じてくれる。

☎671-646-9171 ⑪Ⓗパシフィック・アイ ランド・クラブ・グアム内⑩ 210 San Vitores Rd.,Tumon ⑲9:00〜20:30 ⑭無休 ♩♫ ▭

⬗ 遊べるポイント

▷宿泊客は無料。ゲストの場合は有料の 一日会員制(要予約)
▷インストラクターなどで活躍するク ラブメイツは子どもも預かる
▷一日会員でも追加料金なしで、すべて のアクティビティが楽しめる

ラップ・プール
Lap Pool

本格的に泳ぎたい人や、エクササイズ目的には最 適の競技用プールもある。

ゲーム・プール
Game Pool

バレーをはじめさまざまなゲーム を水中で！

シッキー・スプラッシュ・プール
Siheky Splash Pool

水深30cmで安全な幼児用プール。巨大なバ ケツから水がこぼれるウォータージム がある。

バケツからの迫 力ある水しぶき

スライダー
Slider

コースは2種類あり、いず れもスピード感と、プー ルに突入するときの爽快 感はやみつきになる。

メイン・プール
Main Pool

ウォータースライダーや、 水に浮かぶスポンジの上を 歩く「ウォーターウォーク」 などが人気。

スリリングな水の遊びがまるごと楽しめる！

星野リゾート
リゾナーレグアム
Hoshino Resorts Risonare Guam

タムニング **MAP** 付録P6 B-3

高さ12mから急降下するスライダー「マンタ」をはじめ、全5コースのスライダーが揃う。絶叫マニアに最適なパークだ。大きな波が立つウェーブプールで波に乗ったり、流れるプールに身を任せたり、さまざまに楽しめる。

☎671-646-7777 ✪H星野リゾートリゾナーレグアム内 ㊟445 Governor Carlos G. Camacho Rd., Tamuning 営9:30〜17:30 休無休 料宿泊者無料／宿泊者以外$55、子供（5〜11歳）$30、幼児無料※リゾートパック ▣▣▣

遊べるポイント
▷日本未上陸の絶叫スライダー「マンタ」で絶叫できる!!

キッズウォーターズー
Kids Water Zoo

巨大なヘビやカメ、カニなどの形の浮き具に乗って遊べる、ファミリーゾーンの浅いプール。

泳げる水族館
Swim Through Aqualium

美しいラグーンを再現し、たくさんの熱帯魚を観賞しながら泳げる先着順の完全予約制。

ラグーン・カヤック
Lagoon Kayak

南国ガーデンを囲む広大なエリアで熱帯植物の中を進む。ライフジャケットを着れば子どもも楽しめる。

マンタ
Manta

12mの高さから急速落下する絶叫スライダー。

スライダー
Slider

スライダーは4本あり、落差9mのAとBに加え、2人用・3人用の浮き輪を使って滑り降りるCとDも、ぜひ楽しみたい。

ミクロネシア最大規模の水の楽園よ

キッズプール
Kids Pool

キッズ向けプールの楽しい仕掛けで子どもたちは大喜び。

ウェーブプール
Wave Pool

最大1.2mという大きな波が立つ。30分ごとに波の種類が変わり、波乗り体験に最適だ。

ここでしっかりキメなければ、ネ!

縁結びの パワスポです!

03 永遠の愛を誓う 伝説の場所 恋人岬

タモン湾の北端にある恋人岬は、国旗にも描かれているグアムの象徴的な場所。
「恋に効く」パワーを授かりながら絶景を楽しもう!

愛を貫いた恋人伝説の聖地
恋人岬
Two Lovers Point

デデド | MAP 付録P5 D-1

海抜123mの岬の展望台からは、タモン湾
からイバオ岬の大パノラマが一望できる。
周辺は緑豊かな公園もある。悲恋の伝説
から恋愛成就のパワースポットとしても有
名で、撮影映えするシーンも多い。

📞 671-647-4107 交 タモンから4km 所 Two
Lovers Point , Dededo 開 8:00～19:00 休 無休
料 $3

Two Lovers Point

123mの断崖の
上に展望台が!!

恋人岬の悲恋伝説

スペイン人将校との結婚を強
いられた美しいチャモロ族の
娘が恋人と逃げて、2人で崖
から海に飛び込んだという伝
説が残る。

タモン湾の
大パノラマは
壮大な眺め!

眼下には
エメラルド色の
海が広がる

ロマンティックなサンセット。2層の展望台でパノラマを満喫

グアムでぜったいしたい10のコト

恋に効く
御利益スポット!
Spot

ハートロックウォール

ハートの錠に名前と願いを書いてロック!

恋人たちの鐘
カップルで3回鳴らすと幸福になれる!

ギフトショップに
立ち寄り
Spot

グアム産の食品や雑貨、ココナッツオイル等が並んでいて、おみやげ選びに最適。スコールの時は避難場所にもなる。

↑ハートロックウォール用のロックセット $6

InstaGuam

HEAVY HITTERS

OPEN

TUMON TRA
GUAM

① 人気のピンクのビル
は、右の看板も入れて
撮るとより映える！

きっと誰かに
見せたくなる！

かわいいキレイをお持ち帰り！

04 インスタグアムなスポット巡り

色鮮やかなビルやウォールアートが点在するグアムは
写真映えスポットの宝庫！効率よくまわって「いいね！」を撮ろう！

TUMON
タモン

カラフルな建物やウォー
ルアートが点在し、SNSで
大人気のエリア！

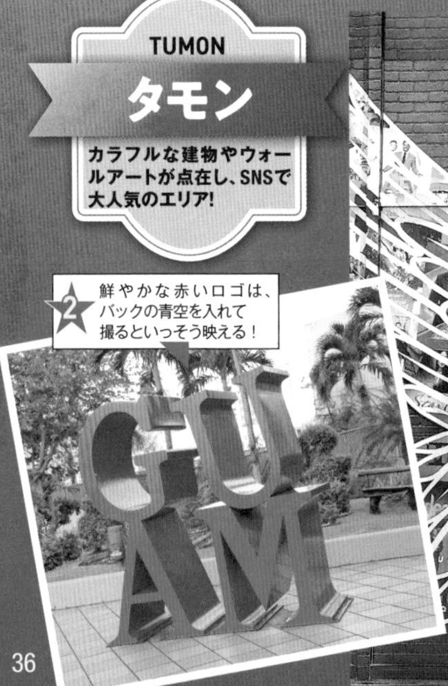

ACANTA
GUAM, USA

③ ダイナミックな翼。ロ
マンティックにも、ロッ
クテイストにも撮れる

② 鮮やかな赤いロゴは、
バックの青空を入れて
撮るといっそう映える！

GUAM

グアムでぜったいしたい10のコト

⭐1 タモン・トレードセンター
Tumon Trade Center
MAP 付録P.9 D-3
SNSで大人気、通称「ピンクの壁」。中はレストランやマッサージ店などが入る普通のビルだ。
所 フジタロード沿い

⭐2 グアムリーフホテル
Guam Reef Hotel
MAP 付録P.10 B-2
ホテル敷地内に設置された特大ロゴモニュメント。南国の風景とモダンアートのコラボ。
DATAは ▶P.140

⭐3 アカンタ・モール
Acanta Mall
MAP 付録P.9 D-3
モールの壁に描かれた天使の羽根。ロゴや全体の処理が甘すぎないのでクールな印象。
交 アカンタ・モール前

⭐4 「I♥GUAM」のウォールアート
I♥GUAM Wall Art
MAP 付録P.8 C-4
ホテル・ロードからKマートへの坂道にあるアート。標識の絵も入れて撮るのがポイント。
交 Kマート前の坂道

⭐5 バス停16番
Bus Stop #16
MAP 付録P.8 C-4
アカンタ・モール近くの16番バス停。グアムのバス停はカラフルでイラストもさまざま。
交 ホリデイ・リゾート&スパ グアム前

⭐6 イパオ・ビーチ
Ypao Beach
MAP 付録P.8 A-4
ビーチで映えるロゴアートは2018年登場。もはや定番の撮影スポットだ。ぜひ押さえたい。
DATAは ▶P.57

04 インスタグアムなスポット巡り／タモン

⭐4 I♥GUAMのロゴはここならでは。標識の絵も入れて撮るべき

⭐5 鮮やかなブルーのバス停。座っているだけで映える

⭐6 ロゴアートでビーチバックはここだけ!グアムならではの画像に!

HAGATNA
ハガニア

グアムの行政の中心地で歴史的建造物と同時に、おしゃれな店も多い。

★1 スペイン広場
Plaza de Espana
MAP 付録P.11 B-3
政府機関が集まるハガニアの中心にある広場。グアム・ミュージアムや聖母マリア大聖堂がある。
所 チャモロ・ヴィレッジバス停から徒歩9分

★2 カラバオの ウォールアート
Carabao Wall Art
MAP 付録P.11 C-3
ハガニア地区にあるダイナミックなカラバオ（水牛）の壁画。伝承文化が盛り込まれている。
交 バンク・オブ・グアムそば

★3 ココバードの ウォールアート
Ko'ko'bird Wall Art
MAP 付録P.11 B-2
絶滅危惧種ココバードは、レストラン、カラバオブルーイングの外壁に描かれている。
交 サン・アントニオ橋そば

★4 フィズ&コー
Fizz&Co.
MAP 付録P.11 C-4
グアムの店で最も映えると評判のソーダショップ。50年代のポップなアメリカンが魅力。
DATAは ▶P.44

★1 まずロゴと開放感のある空間を撮り、人物はロゴに寄って撮ると映えそう

★3 ココバードの足元に立つとサイズ感がわかりやすい

★5 水牛とチャモロ人の巨大な壁画。建物を入れサイズ感のわかる撮り方も

②カラフルな色彩と迫力ある図柄がグアムならでは。青空を入れて

TAMUNING

タムニング

静かな街だが商業エリアで、リゾート施設やアウトレットが点在する。

⑤ ## カラバオの
ウォールアート

Carabao Wall Art
MAP 付録P6 C-4

チャモロ人とカラバオ（水牛）を描いたアート。街のなかにこうした壁画が点在する。
交 ファースト・ハワイアン・バンク向かい

④人気のクリームソーダ。容器もポップでキュート。背景とともに撮影

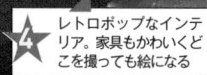

④レトロポップなインテリア。家具もかわいくどこを撮っても絵になる

人気のフォトジェニック空間
映える街なかカフェ

**写真映えする店内や外観が評判のおしゃれなカフェが増加中!
こだわりのスイーツやドリンクにも注目しよう。**

銀行を改築して2023年11月にオープンした地元でも話題のカフェ

コーヒー文化や歴史を伝える
スローウォーク・コーヒー・ロースターズ
Slowalk Coffee Roasters
アサン **MAP** 付録P.2 C-3

コーヒーの焙煎機やミルなど、オーナーが20年以上かけて世界中から集めたこだわりのアンティークがずらり。豆は毎日焙煎するのでフレッシュで高品質なコーヒーが楽しめる。

☎671-486-8595 ✈タモンから車で10km 🏠123 Halsey Dr., Asan ⏰9:00〜21:00 ㊡無休 ▱

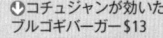
⬆コチュジャンが効いたブルゴギバーガー $13

⬆開放的な店内にコーヒー豆の焙煎機やミルが並ぶ

⬅色鮮やかなブルーレモネード $6

Good Taste!

⬅ヘーゼルナッツクリームの風味が豊かなダーティーコーヒー $6

Good Taste!

思わず撮りたくなるカワイさ

マイティー・パープル・カフェ

Mighty Purple Cafe

ハガニア **MAP** 付録P.11 B-3

グアムでのアサイーボウル人気の先駆けとなった店。色鮮やかなトッピングが満載された6種類のアサイーボウルをはじめ、タロイモ生地のサンドイッチなども人気。

☎671-989-0959 ❌チャモロ・ヴィレッジバス停から徒歩5分 🏠173 Aspinall Ave., Suite 102, Hagatna ⏰9:00〜18:00(水〜土曜は〜19:00) 日曜12:00〜17:00 ❌無休 🍴

●スムージー・ココモンキー $9

●3種類のサイズが揃うアサイーボウル $9(12oz)〜

●タロイモを練り込んだ生地を使ったブレッドバー・ターキースイスメルト $9

●のんびりとくつろげるソファ席も

紫色を基調に、グリーンをあしらったインテリアが人気

SNS映え＆おいしいドリンク

エレベンシス

Elevenses
タモン MAP 付録P.9 F-1

インテリアもドリンク類も、写真映えするビジュアルで人気の店。店名は「11時頃にとる軽食」を意味し、ドリンク同様の色鮮やかなスコーンもあっておすすめだ。

☎671-997-2929 ✕マイクロネシア・モール内 ⽥1088 W Marine Corps Dr., Dededo🕙10:00～21:00（日曜は～20:00）㊡無休🖃

↳キャラメルマキアート(L)$6.50

Good Taste!

↳グリーンティーとブルーベリーのスコーン各$3.50

➥SNS映えも狙えるフルーツをトッピングしたフラワーティーサファイア(L)$6.99

↳撮影目的も多いというおしゃれな人気店

大きな窓から差し込む陽光で明るくナチュラルな店内

ほっこりできる心地いいカフェ

ソリッド・グラウンド・コーヒー・ショップ

Solid Grounds Coffee Shop
ダムニング **MAP** 付録P.6 C-2

シンプルなナチュラルテイストのインテリアで落ち着く店。各種コーヒーメニューや紅茶、フルーツのスムージーやフラッペなどのほか、ターキーパニーニやアボカドトーストなどもあり朝食時にも最適。

☎671-988-7302 ⊗グアム・プレミア・アウトレットから徒歩20分 ⊞643 Chalan San Antonio Suite 103, Tamuning ⏰6:30～17:30 ⏸日曜 🍴

Good Taste!

↑座り心地のいいソファ席もあり、つい長居したくなる

←ターキーパニーニ$7など、軽食メニューも揃う

←ストロベリー、パイナップル、マンゴーをミックスしたサンキッススムージー$6

→エスプレッソ、ミルク、ハチミツ、シナモンを使ったSGラテ$4

43

店内もメニューもキュート!

フィズ&コー

Fizz & Co.
ハガニア MAP 付録P.11 C-4

50年代のアメリカン・ポップのインテリアが、かわいくて楽しい店内。ジャーに入ったドリンクやホットドッグのメニュー類も、グアムらしいカラフルさで絵になる!

☎671-922-3499 ⊗チャモロ・ヴィレッジバス停から徒歩15分 ⑰141 Agana Shopping Center,Hagatna ⊗11:00～20:00 ⑭無休 🖬

Good Taste!

⬆あま～いダブルサンデー $6

←ホットドッグ $6.75やジャーに入ったドリンク $4.25もポップでボリューミー!

ちょっとレトロでアメリカンポップなインテリア!

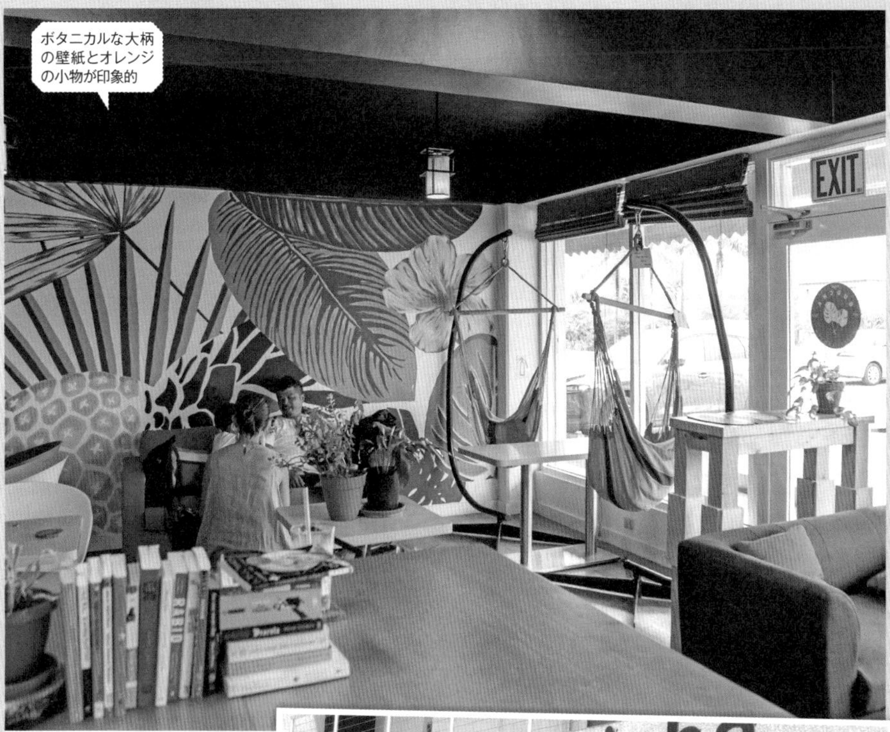
ボタニカルな大柄の壁紙とオレンジの小物が印象的
EXIT

グアムのカフェ好きに話題の店

カフェ・グッチャ

Café Gudcha
タモン MAP 付録P.8 B-4

南国風インテリアの店内で、アサイーボウルやハーブティーなどのオーガニック・メニューが味わえる。抽出方法にこだわったコーヒーも人気で、ゆっくり落ち着ける。

☎671-688-2526 交サン・ヴィトレス・ロード沿い 所518 Pale San Vitores Rd. Ste. 104,Tumon 営7:00～15:00(土・日曜は～16:00) 休無休 💳

Café Gudcha

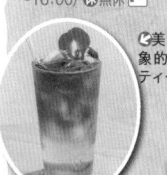

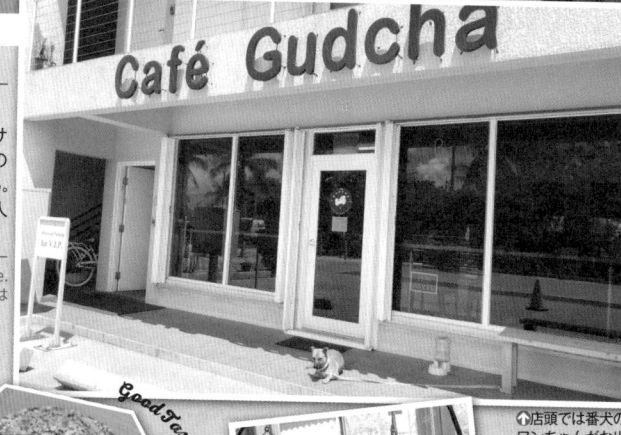

↑店頭では番犬のワンちゃんがお出迎えしてくれる

↙美しいブルーが印象的なバタフライティー$7.50～

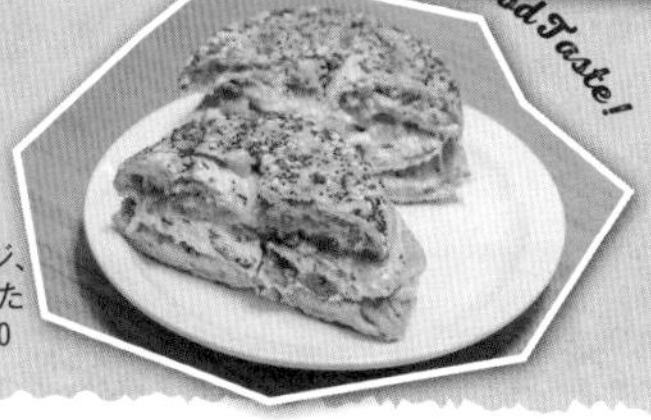
Good Taste!

➡卵、ソーセージ、ホウレン草を使ったベーグルサンド$10

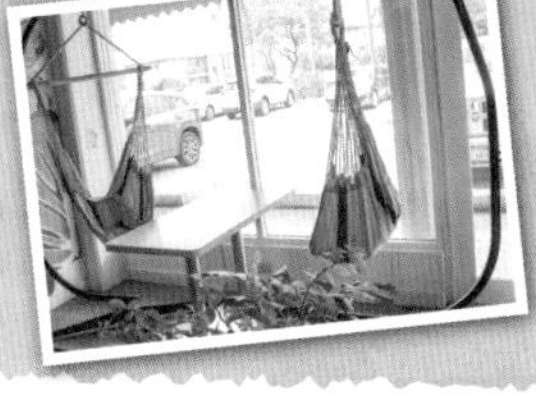

←窓際にあるハンモック席はぜひ座ってみたい

清々しい空気のなか、のびのびと

05 南の島の朝活!

Happy Morning

光る風がおいしい!

澄んだ空気に包まれ、気温が上昇する前のグアムの朝は
過ごしやすい時間。ここでは朝ならではの楽しみをご紹介。

⬆ゆったりとしたカフェタイム
が楽しめるトゥリ・カフェ

早起きしなくても大丈夫なお店が揃ってます

朝寝坊派の朝活もあり!!
朝ごはんスポット

早起きが苦手なら、朝はのんびり
アメリカンテイストの朝食を満喫、
という朝活もおすすめ。

絶景を望む抜群のロケーション

トゥリ・カフェ

tuRe' Café

ハガニア周辺 **MAP** 付録P.4 B-4

ホテル街から離れており、静かな朝
食を楽しめる。テラス席からハガニ
ア湾を一望でき、朝食メニューにはブ
リトーやパンケーキなどが並ぶ。

☎671-479-8873 ⊗サウス・マリン・コア・
ドライブ沿い 🏠349 Marine Corps Dr.,
Hagatna ⏰7:00〜15:00 休無休 🎵📷

Breakfast Menu
7:00〜15:00

⬆ハガニアの海沿い
にある抜群の立地

スピナッチベネディクト
Spinach Benedict **$14.99**
ホウレン草をたっぷりのせた、
朝食にぴったりのメニュー

フラッフィーパンケーキ
ハーフ&ハーフ
(タロ&レッドベルベッド)
Flify Pancake Half & Half
$17.99
2枚ずつ違う味が楽しめる合
計4枚のパンケーキのセット。
写真は定番のレッドベルベッ
ド(手前)とタロ(奥)

ニューヨーク・チーズケーキ・パンケーキ
New York Cheesecake Pancak
$14.49
チーズケーキが入った濃厚なパンケーキが4枚。ストロベリーソースをオン！

Breakfast Menu
7:00〜22:00

アメリカの朝食メニューの宝庫
アイホップ
IHOP
タモン **MAP** 付録P10 B-3
朝食メニューに特化したカルフォルニア発のレストランで、具だくさんのオムレツやパンケーキが揃う。パンケーキに卓上の4種類のシロップを自由にかけて召し上がれ。
☎671-989-8222 ✿デュシット・プレイス内
🚇 1245 Pale San Vitores Rd. ,Tumon 🕐
8:00〜21:00(金〜日曜7:00〜21:00) 🈯
無休 🎵🍴

チーズバーガーオムレツ
Cheeseburger Omelette **$19.99**
たっぷりのお肉とチーズが入ったボリューム満点オムレツ。パンケーキ2枚付き

⤵ オリジナルソースがおいしいアンガス牛を使った定番ハンバーガー $16.99

Breakfast Menu 7:30〜11:00

⬆おいしい料理を求めて店内は大賑わい

アクセス良好な有名店の2号店
リトル・ピカズ
Little Pika's

タモン **MAP** 付録P.10 B-3

「ピカズ・カフェ」（→P.115）の2号店で、ピリ辛のチャモロソーセージを使ったエッグベネディクトなどが楽しめる。開放感あふれるテラス席で南国らしい朝食を。

☎671-647-7522 ⬇サン・ヴィトレス・ロード沿い ⬆1300 Pale San Vitores Rd., Tumon ⬇7:30〜20:00(朝食は〜11:00、金・土曜は〜23:00) ⬇無休 J□

ロコモコ
Loco Moco $17
ライスの上にハンバーグ、目玉焼き、特製ソースをのせた人気メニュー。トーストにも変更可

⬆チャモロソーセージをトッピングしたエッグベネディクト $16

⬆キャラメルバナナをのせたフレンチトースト $15.00

テラス席でさわやかな朝食を
イート・ストリート・グリル
Eat Street Grill

タモン **MAP** 付録P.10 B-3

Breakfast Menu 9:00〜11:30

肉汁あふれるハンバーガーやBBQ料理が人気だが、朝食のエッグベネディクトやアサイーボウルも評判。デュシット・プレイスの1階という便利なロケーションもうれしい。

☎671-989-7327 ⬇デュシット・プレイス内 ⬆1275 Pale San Vitores Rd. ,Tumon ⬇11:00〜21:00 ⬇無休 J□

⬆タモン中心部の大通り沿い。テラス席もある

⬇特製ソースがかかったベーコン付きのロコモコ $20.99

エッグベネディクト スパム
Eggs Benedict Island Style $12.99
ポーチドエッグとオランデーズソースでいただく人気の朝ごはん

テイクアウトもおすすめ

海を見ながらピクニック気分でブランチはいかが？

このページで紹介しているほとんどの店でテイクアウトもOK！ビーチに持って行って食べるのもおすすめだ。朝の澄んだ空気のなか、エメラルドグリーンの海を眺めながらいただく朝食は最高に贅沢。ホテルに持ち帰っても◎。

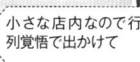
小さな店内なので行列覚悟で出かけて

Breakfast Menu
5:00〜20:00、金〜日曜は24時間
（金曜5:00〜、日曜20:00）

↑行列ができる人気店。タモンの中心に位置

チャモロ風メニューも
クラックド・エッグ
Kracked Egg
タモン **MAP** 付録P.9 D-3
卵料理に力を入れているレストラン。パンケーキの種類も豊富に揃う。週末は深夜・早朝にも営業しており、深夜便利用の人にもおすすめだ。

☎671-648-0881 ⊗サン・ヴィトレス・ロード沿い ⌂1051 Pale San Vitores Rd., Tumon Bay Center Ste. 109, Tumon ⏰7:00〜14:00（土・日曜〜6:30）⊗無休 📱🅿️

ハム&チーズオムレツ
Ham&Cheese Omelette
$11.95
モッツァレラ、パルメザン、チェダーの3種類のチーズと卵3個を使用

↑光が差し込む明るい店内は朝食にぴったり

**ロックス
フロレンティーヌ**
Lox Florentine **$16.95**
スモークサーモン、ホウレン草、半熟ポーチドエッグが相性抜群のエッグベネディクト

カントリーブラウン
Country Browns
$12.90
ライスにチャモロソーセージ、卵、グレービーソースがのったグアムで人気のメニュー

グアムでは珍しいクレープも
インフュージョン コーヒー&ティー
Infusion Coffee & Tea
タムニング **MAP** 付録P.4 C-3
カラフルなカップケーキはローカルからも評判。コーヒーと紅茶専門店だけあって、ドリンクメニューも豊富だ。

☎671-646-0263 ⊗マリン・コア・ドライブ沿い ⌂868 Marine Corps Dr., Tamuning ⏰6:00（日曜7:00）〜18:00 ⊗無休 💳🅿️

Breakfast Menu
6:00〜19:00

↑店内は2階建て。ドライブスルーも

ターキーサンドイッチ
Deli Style Turkey Sandwich **$7.50**
グアムで人気のターキー。ハムよりあっさりしたおいしさ

ハム&エッグサンドイッチ
Deli Style Ham&Egg Sandwich **$7.50**
トーストしたパンで定番の具材をおいしくサンド！

フライド・ライス・アラ
Fried Rice Ala **$13.75**
2個の卵とポルトガルソーセージ、スパム、カントリーソーセージ、チョリソー、ベーコンから肉を選べる

Breakfast Menu
24時間（一部メニューは23:00〜11:00）

↑ショッピングセンターの敷地内に立つ

ローカル御用達のファミレス
キングス
King's
タムニング **MAP** 付録P.6 C-4
ローカルから愛される老舗レストランは、豊富なメニューとお手ごろ価格が自慢。ボリューム満点なので、シェアがおすすめ。メニューによってはミニサイズも。

☎671-647-5464 ⊗チャラン・サン・アントニオ沿い ⌂199 Chalan San Antonio Ste. 200, Tamuning ⏰24時間 ⊗無休 🖥

ローカルグルメや雑貨探しを満喫!!

週末の朝ローカルが集まる
マーケットの活気にふれる

毎週土・日曜日の朝に開かれる朝市。店のおばちゃんの
元気な声と、新鮮野菜やイキのいい鮮魚を求めて
やってくる地元の人で大賑わい!

採れたての野菜や果物がとっても安いの!

土・日曜6:00～9:00頃

週末の朝だけのお楽しみ
デデドの朝市
Dededo Flea Market
デデド **MAP** 付録P5 F-1

地元の人が集まる生鮮品エリアの
ほか、Tシャツやリゾートドレス、
南国雑貨が集まるみやげエリア、
BBQなどのローカルグルメエリ
アがある。カードは使えないので
1ドル紙幣をたくさん用意しよう。
🚌オンワード・ビーチ・リゾート発朝市シャ
トルで1時間 🚗マリン・コープス・ドライブ
沿い

野菜・フルーツ

日本では見ない珍しい野菜や果物が並ぶの
で、のぞいてみるのもおもしろい。ほとん
ど量り売りなので果物なら挑戦してみて。

グアム旅行のおみ
やげにぴったりな
雑貨もいっぱい!

ファッション・アクセサリー

今すぐ使えるトロピカルなワンピースや雑
貨、かごバッグなどがうれしい価格で登場。
プチプラも多くバラマキみやげに最適。

↩日本ではパンの
実と呼ばれるブレッ
ドフルーツ

↩バナナの種類
は多く、料理に
もお菓子作りに
も使われる

↩シンプルで素
朴なトート型かご
バッグ$35

🔼南国ガールに必須
のヘアピン$3

🔼色もデザインも
種類豊富なワンピ
ース$10

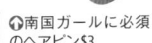

🔼少し派手で
も元気に着こ
なしたい子供
用シャツ$7

↩ブレスレットは貝
で作られたもの$8、
お花は$3

インスタ映え
スポット発見！

➡覚えておこう！
壁画のあるこの建
物はトイレ

ピンクの果物は栄
養たっぷりのドラ
ゴンフルーツ

マンゴーやココナッ
ツなどのトロピカ
ルジュース

フード屋台

香ばしい香りを漂わせるBBQ、ハンバーガー
やサンドイッチ、南国の素朴なスイーツな
どグアムのソウルフードが朝から大集結！

⬆朝からパワフルにBBQ！
食べやすい串焼1本$2

⬇朝市でもパンケーキは大人気。
焼きたてのあつあつを召し上が
れ。一皿$6

注文を聞いてから
切るからとっても
新鮮だよ！

➡なめらかな豆腐に
タピオカをトッピン
グしたタホ$4

ローカルフード
を体験するなら
朝市が一番！

⬅ココナッツジュースは自然
な甘みで果肉とセットで$5

⬇チキンが入っ
たやさしい味わ
いのフィリピン
のお粥アロスカ
ルド$3.50

単にリラックスに来ただけという人だっているでしょう

06 のんびり派はゆる～い島滞在!

澄んだ空気に包まれ、気温が上昇する前のグアムの朝は過ごしやすい時間。
ここでは朝ならではのグアムの楽しみをご紹介。

Chill Out

明るい日差しに
囲まれているだけでいい

ゆっくり流れるグアム時間に浸るなら
シービューカフェで
ず～っと海を見る

目の前に広がる絶景ビーチを眺めながら、
時を忘れてくつろげるロケーション抜群の
カフェをセレクト。

ローカルに人気のバー
ツリー・バー
Tree Bar
タモン **MAP** 付録P.7 D-1
ヒルトン グアム・リゾート&スパ
内のプールサイドにあり、タモン
湾や恋人岬を望める。開放的な
雰囲気のなかで食べるボリュー
ム満点なハンバーガーは格別だ。
☎671-646-3463 交Hヒルトン グアム・
リゾート&スパ内 所202 Hilton Rd,Tumon
Bay,Tamuning 営11:00～22:00(金・土
曜は24:00) 休無休 J J □

見た目も味もトロピ
カルなカクテルはノ
ンアルコールもある

Nice View
緑豊かなテラス席か
ら、風光明媚なタモ
ン湾を一望できる

グアムでぜったいしたい10のコト

Nice View
ここから眺める海や空は時間によって色を変え、息をのむ美しさ

ビーチ席は水着のままでもOK

ザ・ビーチ
The Beach

タモン **MAP** 付録P.10 A-1

オープンエアのビーチフロントレストランで開放感たっぷり。ボリューム満点なアメリカ料理を中心に、幅広いメニューを展開。サンセットスポットとしても人気がある。

☎671-646-8000 ⊗ガン・ビーチ、日ホテル・ニッコー・グアム隣 ⑰Gun Beach Rd., Tumon ◎16:00～22:00(木・金曜は～翌1:00)、土曜12:00～24:00、日曜12:00～22:00 ⑯無休

みんなんでシェアできる山盛りのフライドポテト、ローディドフライ$17

06 のんびり派はゆる～い島滞在!/シービューカフェ

Nice View
大きな窓にはヤシの木や海の南国らしい景色が広がる

各種メニューは24時間通してテイクアウトもできる

焼きたてのペストリーが人気

カフェ・チーノ
Caffe Cino

タモン **MAP** 付録P.7 D-1

タモン湾を望む24時間営業のカフェ。スイーツやペストリー、サンドイッチなどの軽食メニューが豊富。南国らしいインテリアで、リラックスした時間を過ごせる。アサイーボウル$8もおすすめ。

☎671-646-1835 日ヒルトングアム・リゾート&スパ内 ⑰202 Hilton Rd,Tumon Bay,Tamuning ◎24時間 ⑯無休

⊕ホテルのロビー階にあり、開放感あふれる店内

居心地抜群の極楽ビーチでリラックスタイム

ゆる～い海遊びは
プライベートビーチで決まり!

人が少ないところでゆっくり楽しみたいときは、プライベートビーチへ!
ツアーゲストのみに許された楽園を満喫!

Private Beach

ゲストのみ入れるビーチで
リゾート気分を堪能したい!

オプショナルツアーで入れるプライベートビーチは、ホテルやウォーターパークに隣接していたり、小島全体がリゾート施設だったりそれぞれに個性がある。共通するのは有料であること、美しい自然と各種マリンアクティビティの充実、オプション追加もできることだ。

絶景ビーチで心ゆくまで
遊んだり癒やされたり

バラセイリングで
空からの絶景を楽
しもう!

人気アクティビティが揃う最大施設
グアム・オーシャン・パーク
Guam Ocean Park
タムニング MAP 付録P6 B-4

2019年に誕生したグアム最大級のビーチ・パーク。バラセイリングやジェットスキーのほかさまざまなマリンアクティビティが楽しめる。アガニア湾に浮かぶ開放感たっぷりの海上ウォーターパークはグアム初。タモンからも近く、気軽に立ち寄れるのも魅力だ。

☎671-477-8523/671-969-2211 ㊵サウス・マリン・コア・ドライブそば ㊳169 Bishop F.C.Flores St., Tamuning ㊙8:00～17:00 ㊡無休 ㊗フリーパス$200、子供(2～11歳)$30 ㎐guamoceanpark. com

施設をチェック
＊ロッカー＆トイレ
＊ショップ
＊食事コーナー

↑充実した設備があるので快適に過ごせる!

ビーチでおいしいランチを堪能

青い海と波音に
浸る至福の時

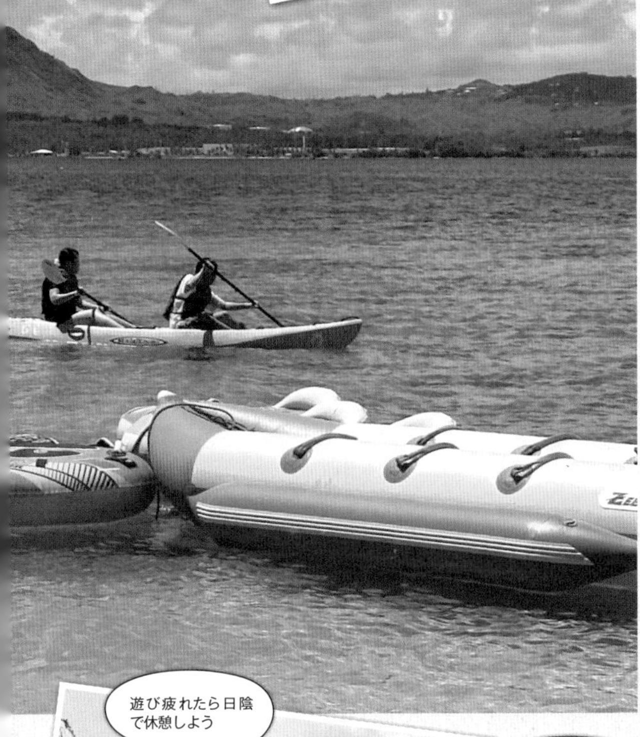

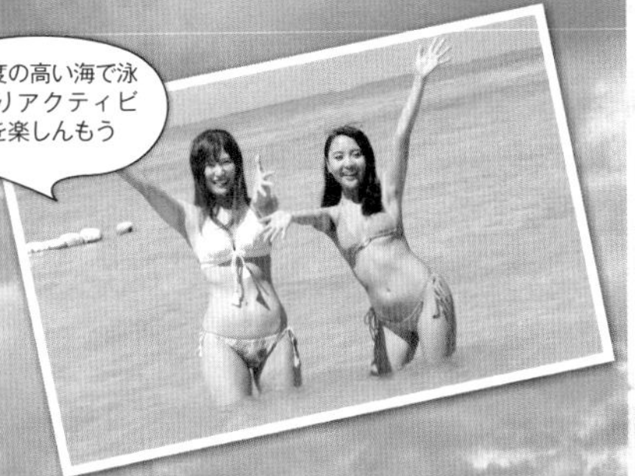

透明度の高い海で泳いだりアクティビティを楽しんもう

こんなアクティビティも
体験できます

約2000坪の広大な施設内に多彩なマリンスポーツやアクティビティが揃う。のんびり過ごすだけでなく、さまざまなアクティビティも体験できるので、好みのパックを選ぼう。

SUP（スタンドアップ・パドル）

大きなボードに乗りパドルで海面を進む。初心者でも海上散歩が楽しめる。

ジェットスキー

マリンスポーツ、人気の定番。グアムでは免許なしで乗れ操作も簡単だ。

カヤック

抜群に透き通った美しい海の上を浮遊するような、心地よい感覚が楽しめる。

バナナボート

ジェットスキーのリードで海面を滑走。家族やグループで楽しめる遊びだ。

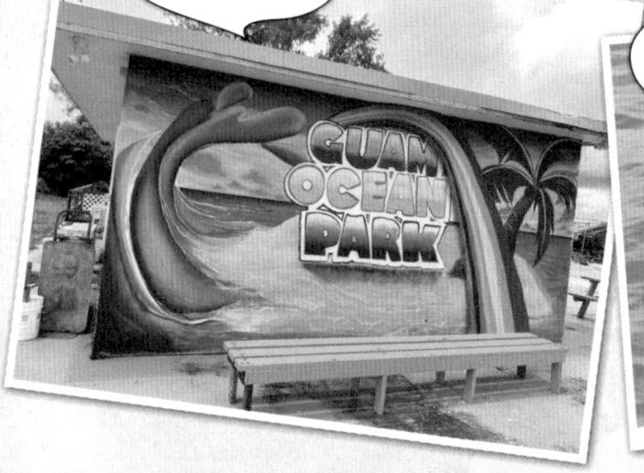

遊び疲れたら日陰で休憩しよう

大型クルーズ船でイルカを見に約40分のクルージング！

島の周りにはカラフルな熱帯魚がいっぱい!

無人島で
冒険気分を味わおう

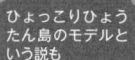

ひょっこりひょうたん島のモデルという説も

手つかずの自然が残る無人島

アルパット島

Alpat Island

タムニング MAP 付録P6 A-3

ハガニア湾に浮かぶひょうたん形の無人島。島の周りは熱帯魚も多く生息し、シュノーケリングが楽しめ、干潮時は歩いて渡ることもできる。

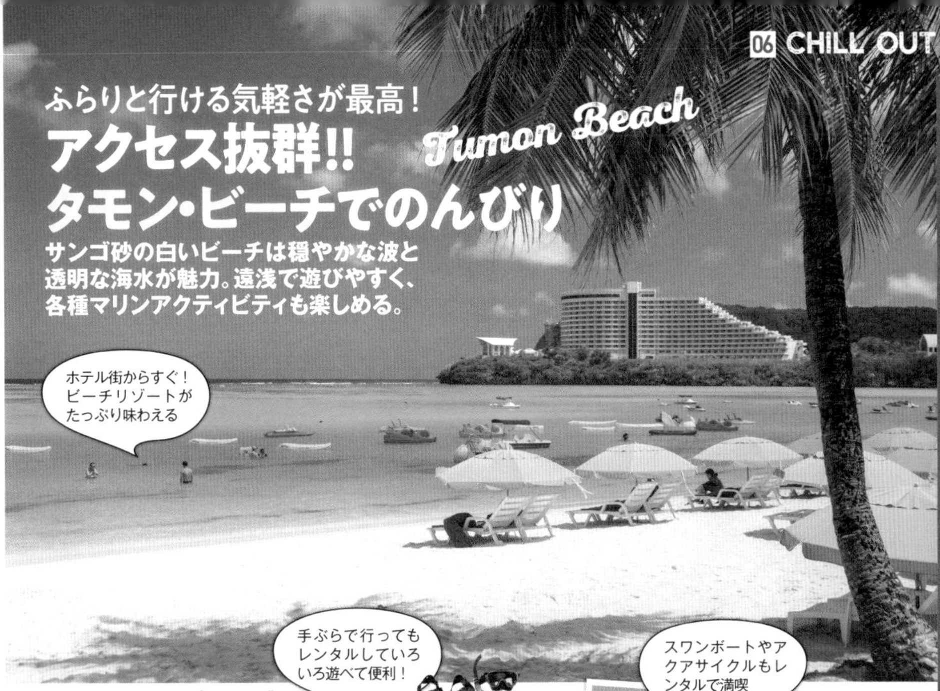

ふらりと行ける気軽さが最高！
アクセス抜群!!
タモン・ビーチでのんびり

Tumon Beach

サンゴ砂の白いビーチは穏やかな波と
透明な海水が魅力。遠浅で遊びやすく、
各種マリンアクティビティも楽しめる。

> ホテル街からすぐ！
> ビーチリゾートが
> たっぷり味わえる

> 手ぶらで行っても
> レンタルしていろ
> いろ遊べて便利！

> スワンボートやア
> クアサイクルもレ
> ンタルで満喫

グアムで最も華やかなビーチリゾート
タモン・ビーチ
Tumon Beach
タモン **MAP** 付録P.10 A-3
遠浅で透明度の高い美しい海。タモンのホ
テル街に近く、グアムで最もにぎわうビーチ
だ。タモン・スポーツ・クラブでは、マリンス
ポーツ用品やパラソルなどがレンタルでき、
気軽な海遊びが楽しめる。
タモン・スポーツ・クラブ
タモン **MAP** 付録P.10 B-3
☎671-646-6640 交市タモン・ビーチ
⏰9:00～17:00 休無休

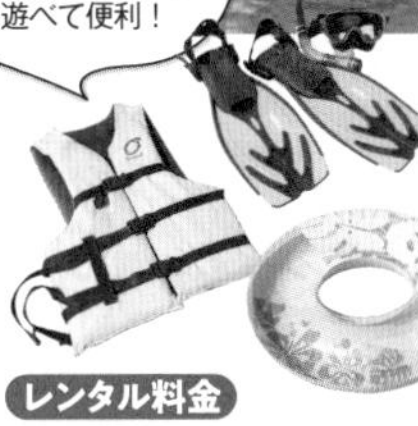

レンタル料金
ビーチチェア＆パラソル $35
浮き輪 $10～
シュノーケリングセット $15
ライフジャケット $10
ロッカー使用料 $10

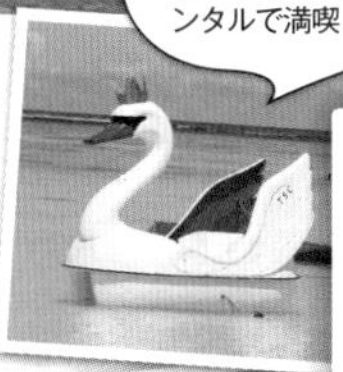

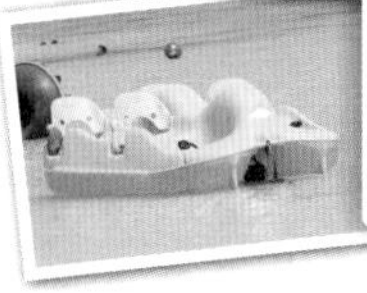

施設をチェック
＊シャワー（有料）
＊ライフガード
※タモン・スポーツ・ク
　ラブ所有

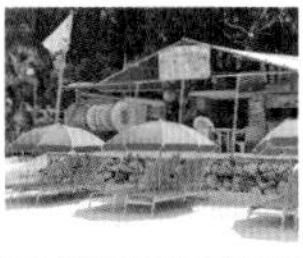

まだある！ タモンエリアの人気ビーチ

イパオ・ビーチ
Ypao Beach
MAP 付録P.8 A-4
タモン西部のビーチ。魚が多くサ
ンゴもありシュノーケリングに
最適。

施設をチェック
＊トイレ
＊シャワー
＊ライフガード
＊駐車場

シュノーケリングをするならココ！

マタパン・ビーチ
Matapang Beach
MAP 付録P.8 C-3
タモン中央にある透明度の高い
ビーチ。比較的人が少なくのんび
り過ごせる。

施設をチェック
＊トイレ
＊シャワー
＊ライフガード
＊駐車場

ゆったり過ごせる穴場ビーチ

ココロもカラダもキレイ

大騒ぎの疲れはすっかり取れてしかもキレイになる!

07 南の島で 極楽エステ&スパしちゃお

Esthetic & Spa

多彩な施術を体験できるグアムのエステやスパ。
事前に日焼けや体調などのセラピーを十分にして
施術を楽しみたい。

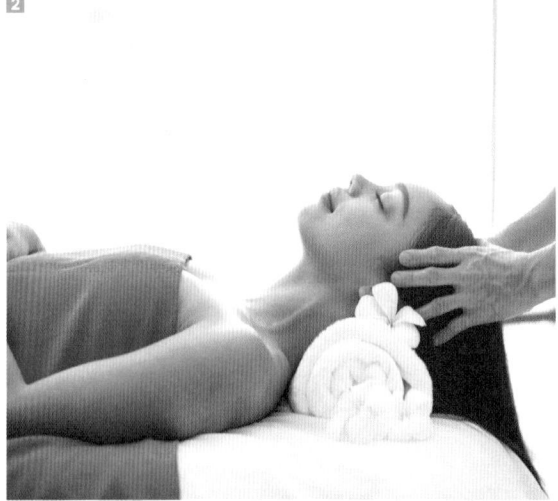

1.白を基調としたくつろぎのトリートメントルーム 2.リフレッシュ効果の高いヘッドケアトリートメント 3.施術後に提供されるこだわりのハーブティー 4.オリジナルのアロマオイルを複数用意

自然の恵みと人の手でやさしく五感を整える

グアムを代表するリゾートスパ
スパアユアラン
SPA ayualam
タモン MAP 付録P.7 D-1

「五感を呼び覚ます」をコンセプトに、リゾートらしい癒やしを体験でき、身体の流れに沿って老廃物を流すリラクゼーションマッサージやグアムならではのフラワーバスが人気。3店舗それぞれ施設のデザインコンセプトが異なる。

ヒルトン グアム・リゾート＆スパ店
タモン MAP 付録P.7 D-1
☎671-646-5378 ✪Ⓗヒルトン グアム・リゾート＆スパ内 ⓜ 202 Hilton Rd., Tumon Bay,Tamuning ⏰10:00〜22:00 ⓧ無休 ⒿⓈⓒ

ホテル・ニッコー・グアム店
タモン MAP 付録P.10 A-1
☎671-648-1007 ✪Ⓗホテル・ニッコー・グアム内 ⓜ245 Gun Beach Rd., Tamuning ⏰10:00〜22:00 ⓧ無休 ⒿⓈⓒ

リーガロイヤル店
タモン MAP 付録P6 A-2
☎671-969-3861 ✪Ⓗリーガロイヤル・ラグーナ・グアム・リゾート内 ⓜ470 Farenholt Ave.,Tamuning ⏰10:00〜22:00 ⓧ無休 ⒿⓈⓒ

主なMENU
※シグニチャー・リラクゼーションマッサージ…60分$135/90分$180
※プレミア・カップルエスケープ…90分$340(2名)

エステ＆スパ基本
世界中から集まった癒やしを体験できるグアム。注意点を押さえて心いっぱい楽しみたい。

施術を受ける場所
慣れていない場所では、移動もトラブルのひとつ。ホテル併設であれば、時間の目安もはっきりするのでおすすめ。

事前の予約は必須
早めの予約を心がけたいが、施設やメニュー選びは慎重に。予約の際、キャンセル料や注意事項も十分確認しておこう。

施術中の注意
施術を満喫するコツは要望を必ず伝えること。会話に不安がある場合は簡単な英単語を事前に覚えておこう。

支払い方法
支払いの際はサービス料が含まれているか確認を。含まれていない場合は料金の15〜20%を手渡ししよう。

世界レベルのブランドスパ
デバラナ・シグネチャー
Devarana Signature

タモン MAP付録P.10 B-3
タイ式で統一された癒やし空間で、タイ伝統の美容療法を軸に、指圧、アーユルヴェーダ、スウェーデン式など世界各地の技術を融合した施術を体験できる。
☎671-648-8064 ✪Ⓗデュシタニグアムリゾート内 ⓜ1227 Pale San Vitores Rd., Tumon ⏰10:00〜22:00 ⓧ無休 ⒿⓈⓒ

1. スパ好きも初心者も大満足のホスピタリティ
2. 1〜5時間まで多彩なプログラムが揃う

タイ式を軸とした独自の癒やしメソッド

主なMENU

※テワランシグネチャーマッサージ…$190(1時間30分)
※ザ・ヘブンリー・ナンタ・ガーデン・エクスペリエンス…$270(2時間30分)

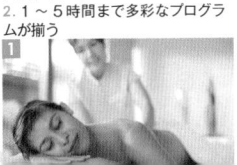

グアムでぜったいしたい10のコト

07 南の島で極楽エステ＆スパしちゃお

日が沈んでからもお楽しみは万歳！

08 夕日のあとのお楽しみ グアムの夜をトコトン

華麗なダンスに美味な料理！贅沢な夜を堪能

華やかなショーをはじめグアムの夜は楽しみが豊富に揃う。気軽に体験できる南国のナイトライフをご紹介。

南国らしい夜を満喫！

ホテルなどで行われる豪華なディナーショーのほか、ナイトマーケットやバー、星空観賞ツアーなど、グアムの夜はデイタイム同様楽しみが盛りだくさん。送迎サービスがあるものは利用したい。治安は比較的いいが夜の外出時は用心を怠らずに。

驚きと感動のパフォーマンスは必見!!

Dinner Show

ディナーショーで南国気分を最高潮に!!

グアムの夜の大定番のエンターテインメント。ホテルやビーチの特設会場などで、豪華なディナーとショーが楽しめる。

ビーチで楽しめる大迫力のショー

タオタオタシ ビーチディナーショー
Taotao Tasi Beach Dinner & Show

タモン **MAP** 付録P.10 A-1

グアムで最大規模のアイランドショー。最新技術と美しいダンスショーで太平洋の島々の伝説を描く。迫力ある幻想的な舞台は必見だ。グアム名物のBBQなどチャモロスタイルのビュッフェにも大満足。

☎671-646-8000 ❷ガン・ビーチ、H ホテル・ニッコー・グアム隣 所 Gun Beach Rd., Tumon 開 18:00〜20:30（シーズンにより異なる） 休 水・日曜 料 ショーのみ$80〜（6〜11歳$25〜）、ディナー付$120〜（6〜11歳$45〜） ※大人同伴で5歳以下無料 J [J] [J]

南国の旅をいっそう思い出深くする夜

↓ メニュー豊富なビュッフェ形式

↑ アイランドダンスも楽しめる

↑ 古代チャモロ人のストーリー仕立て

↓ 夕暮れどきはサンセットを眺めながらのディナー

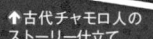

↑ 海辺のオープンエアのステージ

チャモロ文化を見て、味わう
トムホム・グリル＆バー
Tomhom Grill & Bar

タモン **MAP** 付録P.9 D-3

開放的な店内でいただけるロブスターやステーキなどのBBQと、毎週土曜日に行われるチャモロダンスショーが魅力のお店。晴れていたら夕焼けをバックにダンスが見られることも。

☎671-647-5858 交サン・ヴィトレス・ロード沿い 所 LLa Isla Plaza 1010 San Vitores Rd., Tamuning 開16:00〜22:00(金・土曜〜24:00) 休火・水曜料 $65〜:J

↓グリルドチキン、リブ、レッドライスなどが味わえるフィエスタプレート $25

↑ローカルが集まるレストランでダンスショーが鑑賞できる

ショーは毎週土曜の18時からスタート!!

ダンスと食事でチャモロ文化を楽しめる

ダンスとBBQで南国の夜を味わう
サンセットビーチBBQ
Sunset Beach BBQ

タモン **MAP** 付録P.10 A-1

厳選食材を使ったBBQのディナーと、トロピカルな雰囲気たっぷりのダンスショー。目前には海が広がるロケーションで、グアムならではの優雅なひとときを満喫したい。

☎671-649-8815 交所 H ホテル・ニッコー・グアム内 開18:30〜20:30(ショーは19:30〜) 休無休料 $68〜(4〜11歳$35) J :J

ビーチサイドでBBQとショーを堪能

海辺で華麗なショーが楽しめる

↓テーブルで焼く本格BBQに舌鼓を打つ

08 グアムの夜をトコトン／ディナーショー

ライブエンターテインメントも人気!!

グアムがテーマの壮大な旅へ出発
サンド・キャッスル・カレラ
Sand Castle Karera

タモン **MAP** 付録P.10 B-4

最新テクノロジーと映像特殊効果を用いた世界レベルのマルチメディアアイランドショー。ファイヤーダンスやアクロバットの迫力あるパフォーマンスあり。

☎671-646-8000 交サン・ヴィトレス・ロード沿い 所1199 Pale San Vitores Rd., Tumon 開ディナー付17:30または18:00〜、ショーのみ19:15〜 休水・日曜(時期により営業する場合あり) 料ショーのみ$99〜、6〜11歳$50〜／ディナー付$124〜、6〜11歳$50〜 ※5歳以下大人同伴で無料 J :J

↑50名以上の世界一流のパフォーマーが登場

↺観客も一緒に不思議な冒険の旅に出発

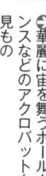

華麗に宙を舞うポールダンスなどのアクロバットも見もの

週に一度だけのお楽しみ！屋台グルメがおすすめ！

水曜日の夜限定！
ナイトマーケットへくりだそう

Night Market

ダンスショーにグルメ、スイーツ、
グアムの民芸品に南国雑貨など
グアムのカルチャーを凝縮した、
グアムに来たら必ず行くべきスポット！

通りの左右にはお店がいっぱい！食べ歩きも楽しい

水曜 18:00〜20:00頃

地元の人も観光客も！大人も子どもも大好き！
チャモロ・ヴィレッジ・ナイトマーケット
Chamorro Village Night Market
ハガニア **MAP** 付録P.11 B-2

週に一度の開催とあり、地元の人も多くくりだす夜
のお祭り。約100軒もの屋台が軒を連ね、ローカル
グルメ、南国フルーツを
使ったスイーツ、アーティ
ストによる民芸品の販売な
どを行う。ダンスショーや
子ども向けの乗り物もあ
る。$20以下の紙幣を用意
して出かけよう。
🚌チャモロ・ヴィレッジバス停付近

長い行列ができるのは人気店だから要チェックだよ

気になる出店が目白押し！

ピュア・レモン
Pure Lemon
注文を受けてか
ら作るフレッ
シュジュースの
お店。さわやか
なレモンジュー
スはおすすめ。

⬆アボカドマンゴーシェイク $7.50

アイランド・アイコン
Island Icon
グアムに生息する動物がモ
チーフの木製3Dパズルの
お店。アーティストによる
手作りアクセサリーも並ぶ。

⬇ロブスターの立体
パズル（ラージ）$51

⬆自然な形や凸凹
を生かした貝のア
クセサリー。ネック
レス $30

A&L フード
A&L Food
ボリューム満点の各種バー
ベキューで人気のフードト
ラック。セットメニューのほ
か、単品での注文も可能。

⬇レッドライスやポーク
BBQなどの豪快なセット。
フェイスタプレートD $22

ラビン・グアム
Luvib Guam
その場でヤシの実を切り、新鮮
なココナッツウォーターとココ
ナッツの刺身を提供する。

ココナッツ割りも
体験できるよ！

⬇ココナッツウォーター
は水分補給に効果的。サ
ムライ・ココナッツ $8

ステージでは華やかなアイランドショーも開催

中央のパビリオンではローカルバンドの演奏も！

子どもに人気のカラバオに乗ってお散歩もできるよ！

木曜日の夜はスキナー広場にフードトラックが集合

人々のお腹を満たすため、自慢の料理をトラックに載せて集結！

夜ピクニックの気分でフードトラック

ハガニア・フードトラックナイト
Hagatna Food Truck Night

ハガニア MAP 付録P.11 B-2

定番のBBQやハンバーガーのほか、窯焼きピザ、ポキボウル、おしゃれなデザートまでストリートグルメがバラエティ豊富に大集合！

🚍ショッピングモールバス アガニアショッピングセンター下車、徒歩10分 🅿マリン・コア・ドライブ沿い

ビック・ボーイ・バーガー・ピット・スポット
Big Boys Burger Pit Stop

アガットにあるハンバーガーショップのフードトラック。ボリューミーで味も抜群。

ビックボーイバーガー（ベーコン＆エッグ）$15

アイランドオニギリオーバーダレインボー $12

ポノ
Pono

日本人の考えを覆す斬新なおにぎりのほか、ポキやテリヤキチキンの丼、各種プレートなどライスメニューを楽しめる。

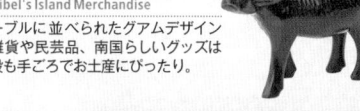

🔴 グアム紋章入りの木製ビールジョッキ $30

マリベルズ・アイランド・マーチャンダイズ
Maribel's Island Merchandise

テーブルに並べられたグアムデザインの雑貨や民芸品、南国らしいグッズは値段も手ごろでお土産にぴったり。

🟢 カラバオ（水牛）の置物 大 $15・小 $10

タコス・ヨ
Tacos Yo

ボリューム満点のタコスとケサディーヤを提供する、今グアムで人気のメキシカンフードのお店。

スモーキータコプレート3個 $17

ピット・ショップ・グアム
Pit Shop Guam

さまざまなイベントで子供向けアクティビティを設置。毎回行列ができる人気のスポット。

🔵 サーキットにゴーカート登場

🔵 ロッククライミングで頂上まで登ったらブザーを鳴らして

A&Lフード
A&L Food

肉だけでなくシーフードBBQも提供する人気トラック。セットメニューのほか、単品でも購入可能。

定番フィエスタプレート $15

グアムの夜はまだまだ続きます

Bar

一日の終わりはトロピカルなバーで

ホテルの高層階や海辺のバーで一日の余韻に浸るのは、夜の定番のお楽しみ。
夜もアクティブに遊びたいなら、クラブやライブハウスもおすすめ。

雄大なサンセットは南国ならではの景色

海辺のダイニングバー

夜は食事も楽しめる

屋外のエリアは水着でOK

ザ・ビーチ
The Beach

タモン MAP 付録P.10 A-1

タモンでは珍しいオンザビーチのバー&レストラン。目前に海が広がり、正面に美しいサンセットが望めるのでディナータイムに人気。のんびりしたいときはランチで。

DATAは ▶ P.53

↑夕日色に染まるオープンエアの店内。夜は涼しい潮風が心地いい

↑ボリューム満点のステーキも味わえる。アンガスビーフ リブアイステーキ $45〜

↑スパイシー・アラビアータ・シーフードパスタ $38（左）ライブミュージックで南国の開放感に浸れる（右）

宿泊客限定の屋外バー
ミスティーズ
Misty's Beach Bar
タモン **MAP** 付録P.10 B-2

水着で利用できるホテルのプールサイドバー。夕景を眺めてチェアでのんびりドリンク類が楽しめる。軽食もあり。夕方はハッピーアワーも開催。

☎671-647-1020 ✕H ウェスティンリゾート・グアム内 🏠105 Gun Beach Rd.,Tumon ⏰10:00〜20:00 休 無休
♪ J ♪ ⏱ 🍴

↑タモンビーチに隣接

↑オリジナルのハンバーガーが人気

ロマンティックな水辺と夕景のひととき

南国らしいカクテルをプライベートプールで堪能

夜景とライブを楽しむ
バンブー・バー
Bambu Bar
タモン **MAP** 付録P.10 B-3

スタイリッシュな雰囲気のなかで、ゆったりとくつろげるカフェ&バー。カクテルの種類も豊富で軽いアペタイザーをバンドの演奏とともに楽しめる。

☎671-649-9000 ✕H デュシットビーチリゾートグアム内 🏠1255 Pale San Vitores Rd., Tumon ⏰15:00(土・日曜は11:00)〜22:30 休 無休 ♪ J ♪ 🍴

➾夜はローカルアーティストのライブ演奏が楽しめる(左)。フードメニューも充実(右)

ホテルのロビーにあるラウンジ。昼間はカフェに

窓外に海を眺めてのんびりバータイム

ため息が出るほど青い海がきれいです！

09 爽快！ドライブ 絶景ホッピング

南の島でのんびり
風に揺られるように

小さいながら多彩な顔を持つグアム。絶景や歴史的名所が
点在する変化に富んだ南部の周遊ドライブを楽しもう。

Drive

青い海をバックに撮影を楽しみたい

車の窓から入る風が涼しくて気持ちいい

海と山の景色を楽しんだら
ラストは美しい夕景を

タモンを起点に海沿いを南下し、ぐるりと東側をまわって島を半周するコースがおすすめ。3時間程度で走れる距離だが、名所巡りや休憩も含めてゆっくり走り、所要約6〜7時間のコース。夕方にはタモンに戻り、最後は恋人岬から、グアム最高の夕日を眺めたい。

波の浸食によって出来たイナラハン天然プールとその周辺

ドライブの基本

グアム郊外のドライブにはレンタカーがおすすめ。現地の交通ルールを把握して、快適なドライブを楽しみたい。

日本の免許証でOK

21歳以上で、グアム到着後30日以内は日本の運転免許証で運転が可能。念のため国際免許証を取得しておくと安心だ。

⬆シーサイドの爽快な風が心地よい

日本で予約が安心

ハイシーズンなどは希望の車が出払っている場合もある。出発前に日本からネットなどで予約しておくのがおすすめだ。
●エイビス・レンタカー
🏠 www.avis-japan.com/
●ニッポン・レンタカー
🏠 www.nipponguam.com/
●日産レンタカー
🏠 www.nissanrent.com/jp/

通行は右側

グアムは右側通行。発進時と左折時に左側に入ってしまわないよう注意。常にセンターラインが左にあることを確認。

右折、左折について

「NO RIGHT TURN ON RED」の標識のある交差点以外は赤信号でも右折できる。左折時には中央のイエローレーンに入る。

⬆慣れない右側通行に注意して走ろう

スリップに注意

グアムの道路はサンゴを混ぜたアスファルトなのでスリップしやすい。スコールのあとなどは特に注意しながら走りたい。

南西部にある人気のビュースポット、セッティ湾展望台

ヨーロッパ調のデザインが印象的なウマタック橋

絶景と素朴な街並みが連なる
南部周遊コースへ出発

レンタカーを借りて、美しいシーサイドを走る南国ドライブへ！
グアムの歴史や、大自然が残る魅力たっぷりの景色が広がる。

ウマタック湾を
背にたたずむ
真っ白な十字架

18世紀の風情ある眼鏡橋

1 スペイン古橋
Old Spanish Bridge

グアム南部 MAP 付録P3 D-4

18世紀後半のスペイン統治
時代に造られた眼鏡橋。
アーチ型の橋はグアムでは
珍しく、周囲の緑に溶け込
んだサンゴ岩が印象的。

🚗 タモンから28km

スペイン統治の始まりの地

3 サン・ディオニシオ教会
San Dionisio Church

グアム南部 MAP 付録P3 E-4

1521年にマゼランが上陸したウマ
タック村に立つ美しい教会。最初
に首都が置かれた場所でもあり、
近くにマゼラン上陸記念碑もある。

🚗 タモンから38km

自然豊かな南国の島を実感する

2 セッティ湾展望台
Cetti Bay Overlook

グアム南部 MAP 付録P3 E-4

標高約400mの丘陵地が目の前に広がるグアムを
代表する展望台。フィリピン海の水平線や、晴れた
日には遠くに浮かぶココス島までも見渡せる。

🚗 タモンから33km

周辺はチャモ
ロ発祥の地と
もいわれる

ガアン・ポイント
Ga'an Point
1944年にアメリカ海兵隊がグアムに再上陸した場所。美しい砂浜に激戦の跡が残される。

アガット・マリーナ
Agat Marina
グアム第2のマリーナ。南部ドライブのゲートウェイで、駐車場にトイレもある。

ウマタック橋
Umatac Bridge
ウマタックに首都が置かれていたスペイン統治時代を偲ばせる橋。ここから南は4号線。

ソレダッド砦
Fort Soledad
大砲のレプリカが並ぶスペイン統治時代の見張り台跡。水牛が歩く集落の景色も美しい。

ベア・ロック
Bear Rock
メリッツォとイナラハンの間の、岬の突端にあるクマのような奇岩。駐車場から見える。

フィリピン海
太平洋
アプラ港
ハガニア湾
アガット湾
ウマタック湾
フィリピン海

恋人岬 **7**
デデド
タモン・ビーチ
タモン湾
イパオ・ビーチ
タモン Start/Goal
タムニング
バリガダ
Yseongsong Rd.
Chalan Padrion Hoya
ハガニア湾
Marine Corps Dr.
アサン
ハガニア
ビティ
スリングストーン・コーヒー＆ティー
テンホー山
ジョーニャ
サンタ・リタ
オロテ半島
ガアン・ポイント
アガット・マリーナ
アガット
Cross Island Rd.
1 スペイン古橋
ラムラム山
フムロン・マングロ山
2 セッティ湾展望台 ● タロフォフォの滝
タロフォフォ タロフォフォ湾
ウマタック
3 サン・ディオニシオ教会
ソレダッド砦 ● ウマタック橋
メリッツォ
聖ヨセフ教会 **5**
イナラハン
イナラハン湾
6 イナラハン歴史保護区
4 イナラハン天然プール
ベア・ロック
Inarajan Hwy.

N
0   3km

ドライブチャート

Start タモン
28km
1 スペイン古橋
5km
2 セッティ湾展望台
5km
3 サン・ディオニシオ教会
16km
4 イナラハン天然プール
300m
5 聖ヨセフ教会
3km
6 イナラハン歴史保護区
38km
7 恋人岬
4km
Goal タモン

走行距離
約**100**km

地元っ子たちが集う天然プール

4 イナラハン天然プール
Inarajan Natural Pool

グアム南部 MAP 付録P.3 E-3

火山活動で流れ出た溶岩が海水をせき止め、戦時中の爆弾の跡などから生まれた、天然のプール。周辺にはバーベキュー施設のほか、休憩スポットも充実。

交 タモンから54km

開村とともに建てられた

5 聖ヨセフ教会
St. Joseph's Catholic Chruch

グアム南部 MAP 付録P3 E-3

塔のような屋根と美しいステンドグラスで飾られたスペイン風建築の傑作。1680年の開村とともに建てられた教会で、現在の建物は1939年に再建されたもの。

交 タモンから55km

> 島で最も美しい建築と名高い教会

スペイン風の家屋が立ち並ぶ村

6 イナラハン歴史保護区
Inarajan Historic District

グアム南部 MAP 付録P3 E-3

スペイン統治時代の、ボデガ様式の家屋が立ち並ぶ美しい村。大部分が歴史保護区に指定され、今も古いヨーロッパのような雰囲気が漂う。

交 タモンから58km

> 家屋の壁に鮮やかな絵が描かれている

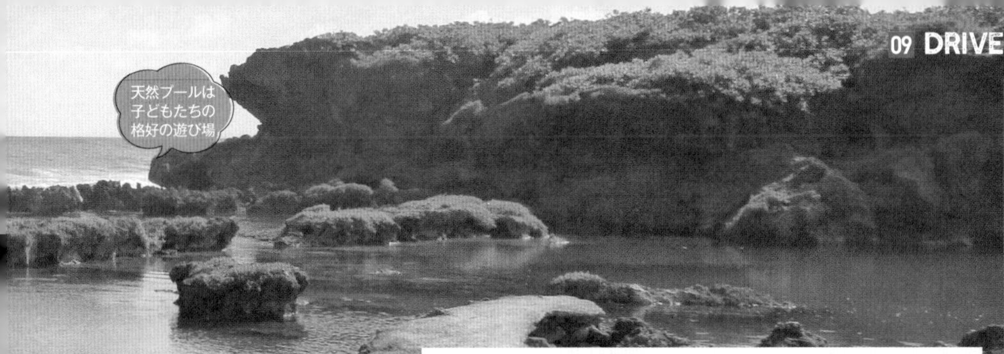
天然プールは
子どもたちの
格好の遊び場

絶品グルメを満喫!!

ドライブ途中の立ち寄りスポット

ジェフズ・パイレーツ・コーヴ
Jeff's Pirates Cove

グアム南部 MAP 付録P.3 E-3

イパン・ビーチ近くの、絶品バーガーが食べられる有名レストラン。バーガーや、ボリュームたっぷりのメニューが揃う。

☎671-789-2683 交イパン・ビーチ近く 所111 Route 4 Ipan,Talofofo 営10:00～18:00（金～日曜は9:00～19:00） 休無休 J 💳

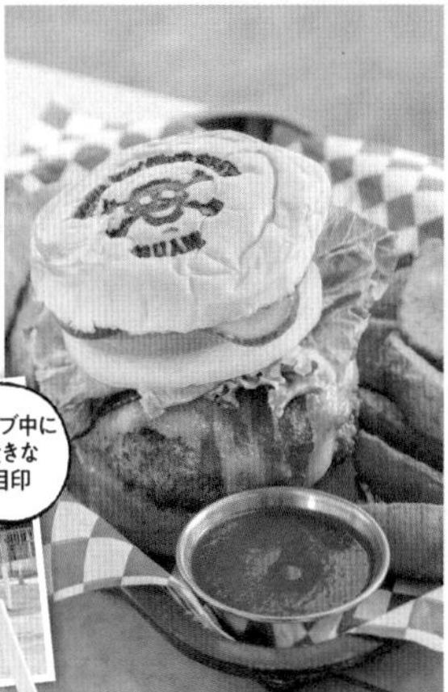

南部ドライブ中に
現れる大きな
看板が目印

Jeff's Pirates Cove

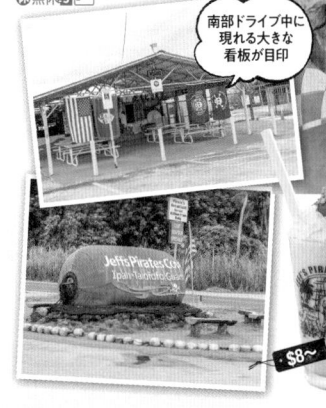

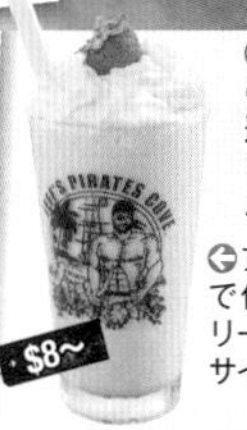
$8～

↑肉汁あふれる約225gのパテは厚みもあり大迫力。店自慢の1/2ポンドホームメイドチーズバーガー$18

←アイスクリームと牛乳で作った濃厚なストロベリーミルクシェイク$8～。サイズは3種類

スリング・ストーン・コーヒー&ティー
Sling Stone Coffee&Tea

グアム中央部 MAP 付録P.2 C-3

コンテナがシックな色にペイントされ、スタイリッシュなコーヒースタンドに変身！スムージーやベーグル、バーガーなどが揃う。

☎671-922-1734 交タモンから車で20分 所502 W, Marine Corps Dr., Adelup 営6:00～18:00 休無休 💳

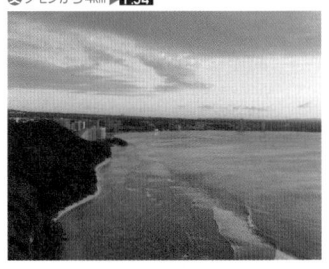

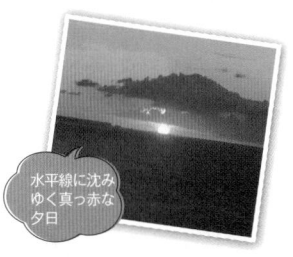

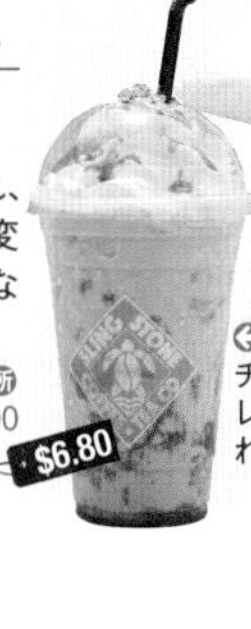
$6.80

$6.50

↑レモンで味付けされたチキンがトルティーヤに包まれたグアムフード

←ストロベリー、チーズケーキ、オレオがミックスされたフラッペ

恋人たちが集う景勝地

7 恋人岬
Two Lovers Point

デデド MAP 付録P.5 D-1

タモン湾に突き出たグアムのシンボル的な岬。許されない恋に落ちたチャモロの娘と青年が、互いの髪を結んで身を投げた、悲恋物語の舞台。夕日の名所でもある。

交タモンから4km ▶P.34

水平線に沈み
ゆく真っ赤な
夕日

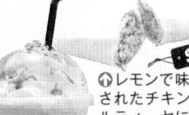

ーを追い越せ！島の通になる！

ちょっとだけ
アドベンチャー

10 グアムの 陸と空を遊ぶ！

太古の火山の隆起から生まれたグアムには、大自然の神秘が満載。
そのダイナミックな景観を余すことなく楽しみたい。

密林から大空まで 濃厚な感動体験を

洞窟トレッキングや草原ハイキング、マウ
ンテンバイクで駆け抜けるといったワイル
ド体験の数々は、密林が残るグアムの醍醐
味。スカイダイビングの空中浮遊も快感だ。
地形を利用した個性派コースが揃うゴルフ
を、手ぶらで楽しめるのも魅力的。

アクティビティの基本

日本で予約しておくのがベター
体験したいアクティビティが事前に決まって
いるなら、日本で予約しておく方が予定も立
てやすい。また早期申込特典やWEB割引が受
けられる可能性も高いのでおすすめ。

服装、持ち物をチェック
スカイダイビングやゴルフに参加するなら日
焼け止めを。トレッキングには長袖・長ズボン、
履き慣れた靴が必需品だ。バガット・ケーブに
は防水ケース、ウォーターシューズも必須。

保険には必ず加入を
スカイダイビングやトレッキングには経験豊
富なガイドやインストラクターがつくが、け
がや事故の場合には高額な医療費がかかる。
万一に備え海外旅行保険に加入しておきたい。

ゴルフはレンタルもおすすめ
ほぼすべてのゴルフ場でクラブ一式レンタ
ルが可能。強いこだわりがなければ、用具は
レンタルして身軽に楽しむのがおすすめだ。

Land & Sky Activity

トレッキングでいざ
大自然の魅力を堪能
しに行こう

パガット・ケーブ ▶P.74

密林の奥に広がるグアムのパワースポット。神秘の洞窟で遊泳体験も楽しめる

天国の丘 ▶P.76

グアム最南端に広がる小高い草原地帯で絶景を満喫

ゴルフ ▶P.78

手軽なハーフプレーや海越えコースも楽しめる、個性豊かで多彩なコースが揃う

スカイダイブ ▶P.80

セスナの操縦も体験できる

手つかずの自然に足を踏み入れる!!

神秘の洞窟　へ出発!

島東部に位置するパガット・ケーブ。古代の集落跡や数万年の歳月を
かけつくられた洞窟など、壮大で神秘的な光景が広がります。

深い緑に
覆われたジャ
ングルを歩い
て行くよ

ジャングルの奥の人気スポット

パガット・ケーブ
洞窟トレッキング

Pagat Cave Trekking Tour

グアム北部 **MAP** 付録P2 C-1

高床式住居の土台、土器の欠片、
巨大洞窟を半日かけて巡るジャン
グルハイキング。太平洋に面した
ジャングルでグアムの自然と歴史
を体感しよう!

ツアーの催行会社

アイランド・ジャーニー・グアム
Island Journey Guam

☎ 671-777-3927 P.O.Box 4050,
Hagatna ◉ 9〜18時 無休 パガット・
ケーブ$85(12歳以上) J
※予約方法は電話かメール(journeyguam
@gmail.com)。前日予約は電話のみ、受付
は〜17:00

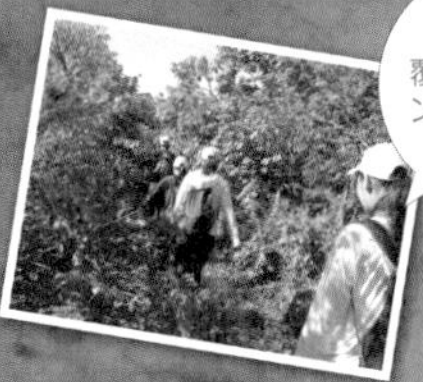

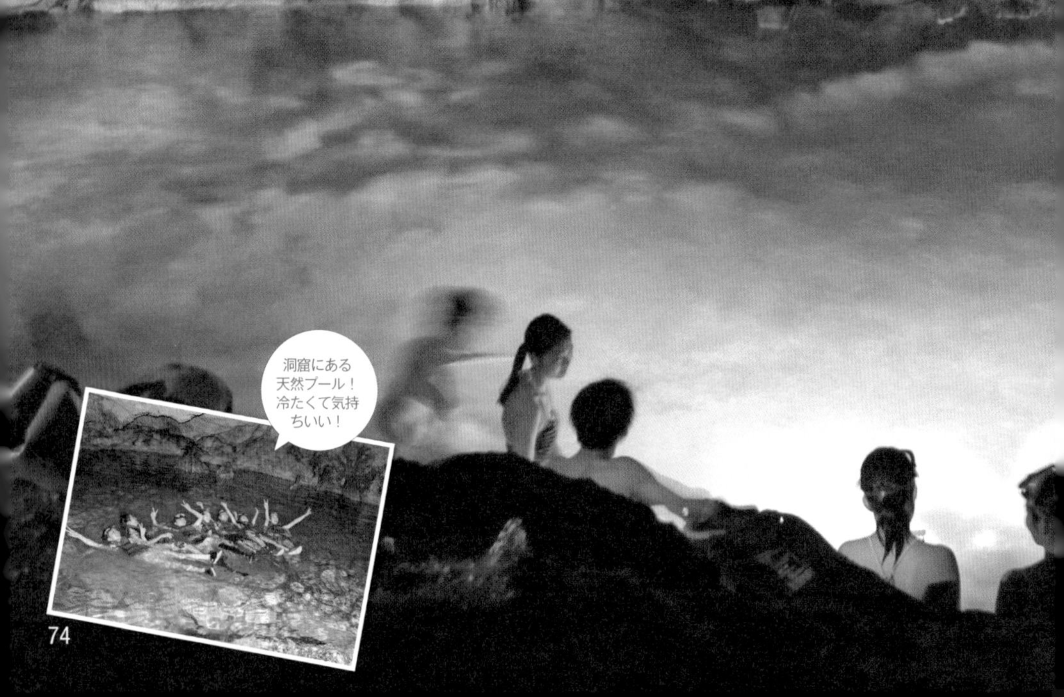

美しく透き通った水の
天然プール。幻想的で
神秘的な空間!

洞窟にある
天然プール!
冷たくて気持
ちいい!

太平洋を
バックに記念
撮影！景色が
最高!!

島東部、太平
洋の絶景ポイ
ント、パガッ
ト・アーチ

ツアーコース&アドバイス

12歳以上が対象の中級者向けハイキングコース。前日は睡眠を十分にとり、朝食もしっかり食べて参加しよう。長袖長ズボン、スニーカーで参加。暑さ、虫除け対策を忘れずに。

1 現地に到着すると、まずはストレッチをして準備体操

2 入口前の看板では体験の記念に撮影を

3 ジャングルを抜け洞窟に到着。中にあるプールへ

4 洞窟内のプールは雨水が石灰岩で濾過された真水。濡れてもいい格好を

5 古代の集落跡。高床式住居の土台ラッテ・ストーンが何基も残る

6 岩場の崖を歩いて海岸線へ。崖の向こうには太平洋が広がる

7 太平洋の壮大な景色を眺めながらのランチタイム。おにぎりが配られる

8 入口まで戻って無事ハイキングは終了。お疲れさまでした！

グアムでぜったいしたい10のコト

10 グアムの陸と空を遊ぶ！／パガット・ケーブ

大パノラマを目指して小高い丘を登る!!

絶景を求め天国の丘までハイキング

グアム島の南端、メリッツォ村を見下ろす
小高い丘陵地帯。風に吹かれながら
歩く草原は、喧騒から隔絶された
やさしい世界。

小高い草原の丘を目指す
ヘブンリー・ヒル（天国の丘）
Heavenly Hill
グアム南部 **MAP** 付録P.3 E-4

トレッキングコースは往復4km、所要6〜7時間ほどの初級者コースだが、ココス島と周囲の美しいサンゴ礁が眼下に広がる絶景が楽しめる。道中、南部観光もできる。

ツアーの催行会社
フロンティア・ツアー
Frontier Tour
☎ 671-687-7730 所 P.O.Box 5102, Mangilao 96923 営 8:00〜18:00 休 無休 料 $85、子供（8〜11歳）$65

自然のままの山道を、草をかき分けて歩く

ラグーンを眺めながら、グアムの自然と文化を感じる

> ココス島とサンゴ
> の海を見下ろす
> 絶景を楽しんで

ツアーコース&アドバイス

距離も短く勾配も少ない初級コースだが、日陰のない丘陵地帯を歩くため帽子や日焼け止めが必須。熱中症にならないよう十分に水分を補給しながら歩こう。草で肌を切らないよう長袖、長ズボンの着用を。

1 スナック、ドリンクなどを受け取って、自分で管理

2 グアム最南端の村メリッツォに到着。準備体操のあといよいよ出発

3 第二次世界大戦で犠牲になったチャモロの村人の慰霊碑に黙祷

4 遠くにココス島が見える絶景ポイントの連続。まるで絵はがきのよう

5 石がゴロゴロした滑りやすい地面に注意して、最後の尾根を通過する

6 目的地に到着。グアム島旗を掲げて記念撮影。360度の眺望も堪能

7 たっぷりと絶景を楽しんだあと、ゆっくりと元来た道を戻る

最高のロケーションで海越えにチャレンジ!!

グアムで絶景ゴルフコースを満喫!

グアムのゴルフ場は崖や海など自然の地形を利用した、
個性的で美しいコースが多いのが特徴。青空にヤシの木が揺れる
トロピカルな雰囲気で気軽に楽しめるのも魅力。

全カートに最新のGPSを搭載
オンワード・マンギラオ・
ゴルフ・クラブ

Onward Mangilao Golf Club
グアム中央部 **MAP** 付録P2 C-2

グアムで唯一、海越えショートホールを持つ戦略的なコースが特徴。ダイナミックな地形と海岸線を生かしたコースレイアウトはロビン・ネルソン氏の設計によるもの。オリジナルロゴグッズを豊富に揃えた人気ショップもある。

☎671-734-1111 ⊗タモンから車で20分 ㊟
1810Route15,Pagat, Mangilao ⏰6:00〜18:00
㊡無休 ⑤$180〜 ♪◎▦

海に向かってナイスショット! 一度はプレーしたい南国のゴルフ場

コースDATA
ホール数:18ホール／パー72
全長:6904ヤード
主な施設:レストラン、プロショップ、シャワー、ロッカー

⬆クラブハウスからの眺めも南国の絶景

広大な敷地のコースで、思いきりフルスイング!

⬇各コースにあるモンスターホールも人気

泊まれるゴルフリゾート
レオパレスリゾート
カントリークラブ

Leopalace Resort Country Club
グアム南部 **MAP** 付録P3 D-3

戦略性に富んだコースと大自然の美しさに、すべてのプレイヤーが魅了される。全4コース、36ホールあるグアム屈指のゴルフコース。

コースDATA
ホール数:36ホール／パー144 全長:1万3200ヤード
主な施設:レストラン、プロショップ、シャワー、ロッカー、練習場

☎671-471-0090 ⊗タモンから車で30分 ㊟221 Lake View Dr.,Yona ⏰7:15〜16:00 ㊡無休 ⑤$110〜
♪◎▦

「手ぶらでゴルフ」プランや宿泊プランなどもある

⬆天然芝から打てる練習場もある

団体でも一人でも楽しめる
ファイネストグアム
ゴルフ&リゾート

Finest Guam Golf &Resort
グアム北部 **MAP** 付録P2 B-2

3コース、27ホールがある全米ゴルフ協会認定のゴルフ場。ホテル併設の総合ゴルフリゾートで、宿泊客用の料金割引のプランもある。

コースDATA
ホール数:27ホール／パー108 全長:1万473ヤード
主な施設:レストラン、プロショップ、シャワー、ロッカー、練習場

☎671-632-1111 ⊗タモンから車で20分 ㊟2991 Route 3,Yigo ⏰6:00〜18:00 ㊡無休 ⑤$120〜 ♪◎▦

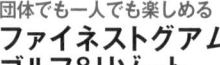

自然の地形を生かした、起伏に富んだコースや絶景の環境が魅力だ

ゴルフの基本

しっかり暑さ対策を
ゴルフ場では紫外線対策が必須！日焼け止め、帽子、サングラスで対策を。水分補給の飲み物の持参も忘れずに。

襟付きシャツを着用
ゴルフ場では襟付きシャツの着用がルール。ショートパンツは○、Tシャツ、タンクトップ、サンダルは×。

スループレイが原則
グアムのゴルフでは18ホールのスループレイが基本。最初の9ホール後に休憩を挟まず、残り9ホールもラウンドする。

レンタルも便利
ほとんどのゴルフ場でゴルフクラブ一式のレンタルが可能。手ぶらで行って気軽に楽しめるので便利だ。

レジェンド監修の夢のコース

オンワード・タロフォフォ・ゴルフ・クラブ

Onward Talofofo Golf Club
グアム南部 **MAP**付録P.3 D-3

サム・スニードやベン・ホーガンらレジェンドが監修したドリームコース。リゾート気分や自然味あふれる至福のゴルフシーンが楽しめる。

コースDATA
ホール数：18ホール／パー72
全長：6702ヤード
主な施設：レストラン、プロショップ、シャワー、ロッカー

☎671-789-5555 ✈タモンから車で30分 🚗825 Route 4A,Talofofo
🕐6:00～18:00 休無休
💰$140～ 🇯🇵💳🅿🚻

↩雄大なタロフォフォの原生林を背景にプレー

南国の花々や湖の水面に映える緑が美しい

←ベテラン揃いのスタッフなので体験も安心

フリーフォールは落ちるというより独特の浮遊する感覚だ

一度挑戦したい「フリーフォール」
スカイダイブ・グアム
Skydive Guam
タモン周辺 **MAP** 付録P.5 E-3
専用飛行機でグアムの上空へ。海に浮かぶ島が見える。空の上から見下ろすグアムの絶景は圧巻。世界トップレベルのインストラクター「タンデムマスター」と一緒なので初心者でも安心だ。
☎671-475-5555 ✈グアム国際空港敷地内 🏠17-3404 Neptune Blvd.,ACI Pacific Hanger, Barrigada ⏰ 8:00~18:00 休無休 J ⅋

スカイダイビング
平均ジャンプ総数8000回以上のベテランインストラクターが操作する
料 $ 299~ ※18~65歳、ほか参加条件あり

無限に広がる大空に飛び出す!
空のアクティビティで
南の島をワイルドに楽しむ

冒険好きに最適なアクティビティがグアムには揃っている。上空散歩でスリリングな体験を!

上空からの美しい眺めに、パイロット気分もマックスに!

パイロット気分が味わえる!
トレンド・ベクター・エビエーション
Trend Vector Aviation
タモン周辺 **MAP** 付録P5 E-3
機長席でセスナの操縦桿を自ら握り、グアム国際空港の離陸から着陸まで操縦体験できる。日本人パイロットが隣の席から丁寧に指導するので、安心してフライトが楽しめ、絶景も見られる。ほかに遊覧飛行のコースもある(1名$55~)。
☎671-473-4100 ✈グアム国際空港敷地内 🏠ACI Pacific17-3404 Neptune Ave., Barrigada ⏰ 8:00~17:00 休無休 J ⅋

セスナ体験操縦
速度や計器類のチェック、管制塔との連絡はパイロットまかせで安心・安全!
料 $ 210、子供(3~11歳)キッズコース $ 250~

↑海と島は絶景 上空から眺める

↑コス島まで行くコースもある

↓グアム国際空港で操縦体験

FIND YOUR FAVORITE ITEMS AND SOUVENIRS!

ショッピング

ショッピングセンターを駆けまわる

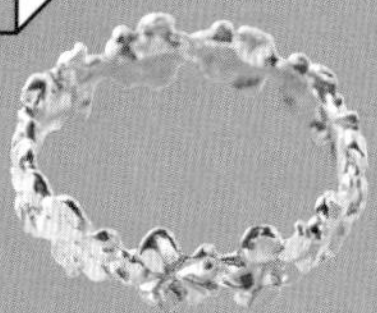

Contents

買い物のキホン教えます お買い物天国！ グアムを攻略

お買い物天国なグアム。普段はちょっと手が出ないブランド品も、グアムならお得に手に入る。
ショッピングセンターが充実していて、1カ所でバラエティ豊かなアイテムが揃うのもうれしい。

基本情報

ショッピングセンターが充実！

グアムのショッピングでまずチェックしたいのは、島内に5つあるショッピングセンター。ハイブランドが集結する施設からカジュアルブランドやアウトレットが集まる施設まで特徴はさまざま。また、コスメやギフトが充実している店も多いのでおみやげ探しにもぴったり。

買い物スポットへのアクセスは？

スポット間の移動には赤いシャトルバスを活用したい。タモン・タムニングの主要ホテルとショッピングセンターを結ぶタモンシャトルなど、ショッピングに便利な路線が運行している。ちなみに赤いシャトルバスといってもすべてのバスが赤いわけではないので注意。ほかにもTギャラリア グアム by DFSでは主要ホテルに向けた独自のシャトルバスの運行も行っている。

▶別冊P.12

休みはいつ？営業時間は？

ショッピングセンターは年中無休で10時頃〜22時頃まで営業。大型スーパーは24時間営業のところもある。まれに土・日曜、祝日は早く閉まる店もあるので注意。11月の感謝祭やクリスマスなど、キリスト教の祭日も休みになることが多い。

日本語と日本円は使える？

基本的には英語だが、ショッピングセンター内のショップなら簡単な日本語の話せるスタッフがいることが多い。日本円は観光客が多く利用する店なら使える場合もあるがレートはあまり良くないので、ドルかカードで支払いを。クレジットカードはグアムのほとんどの店で利用できる。

お得情報

ブランド品が日本よりお手ごろ

フリーポート（自由貿易港）のグアムでは、免税店に限らず輸入品はすべて免税。消費税もかからない。ブランド品も日本より比較的お手ごろで、特にアメリカのブランドは狙い目。ハイブランドのショップはTギャラリア グアム by DFSに多い。

バーゲンの時期はいつ？

最も大きなセールは感謝祭（11月の第4木曜日）の翌日のブラックフライデーと、12月上旬から始まるクリスマスセール。ほかにも1月のニューイヤーバーゲンや4月のイースターセール、8月のサマーセールなどがある。

カスタマーサービスを活用

大型の商業施設にあるカウンター。クーポンの配布や荷物の配送など、お得なサービスを紹介してくれることも多いので立ち寄ってみたい。

子連れにうれしいサービス

ショッピングセンターには子ども向けのサービスが充実。マイクロネシア・モールにはプレイコーナー（有料）があるほか、Tギャラリア グアム by DFSには授乳室もある。ベビーカーの貸し出しをしているところも多い。ベビーやキッズの専門店も多く、洋服や玩具も豊富に揃う。

ショッピングのマナー

まずはあいさつを

入店すると店員のほうから「ハロー！」と挨拶してくれる。簡単な英語で構わないので笑顔で返事をしてみよう。チャモロ語で「ハファ デイ！」と言ってみるのもいい。何か質問をしたいときには「エクスキューズ ミー」でOK。

🔍こんにちは
Hello ／ Hi ／ Hafa Adai.
ハロウ／ハーイ／ハファ デイ

ありがとう
Thank you ／ Si Yu'os Ma'ase.
サンキュー／シジュウス マアセ

サイズ換算表

服（レディス）		服（メンズ）			靴	
日本	アメリカ	日本	アメリカ		日本	アメリカ
5	XS	0-2	—		22	5
7	S	4	S		22.5	5.5
9	M	6	M		23	6
11	L	8	L		23.5	6.5
13	LL	10	LL		24	7
15	3L	12	3L		24.5	7.5
					25	8

パンツ（レディス）		パンツ（メンズ）			靴	
日本(cm)	アメリカ(inch)	日本(cm)	アメリカ(inch)			
58-61	23	68-71	27		25.5	8.5
61-64	24	71-76	28-29		26	9
64-67	25	76-84	30-31		26.5	9.5
67-70	26-27	84-94	32-33		27	10
70-73	28-29	94-104	34-35		27.5	10.5
73-76	30	—	—		28	11
					28.5	11.5
					29	12

おすすめのグアムみやげ

日本ではなかなか手に入らない海外ブランドのコスメやグアムメイドのスイーツはおみやげにぴったり。水着やサンダルなどのリゾートアイテムは現地調達してそのまま自分のおみやげに。おもしろいものを探すならコンビニやスーパーへ。

リゾートアイテム ▶P96

グアムには南国らしいワンピースやサンダルがいっぱい。おみやげにはもちろん、旅行中も大活躍。

コスメ ▶P103

セレブ愛用のコスメや日本未上陸のものなど種類豊富に揃う。人気のO・P・Iのネイルも日本よりお得に手に入る。

グアムメイド ▶P102

菓子や調味料など、グアムならではのアイテムはぜひ持ち帰りたい。コスメならハンドメイドのソープがおすすめ。

プチプラグッズ ▶P104

スーパーやコンビニ、ローカルマーケットなどでゲットできるキッチュなアイテムはバラマキみやげにぴったり。

基本会話

これはいくらですか。
How much is this?
ハウ マッチ イズ ディス

このクレジットカードは使えますか。
Do you accept this credit card?
ドゥ ユー アクセプトゥ ディス クレディット カード

もう少し安くなりませんか。
Can you give me a discount?
キャニュー ギヴ ミー ア ディスカウン

別々に包装してください。
Will you wrap these separately?
ウィル ユー ラップ ズィーズ セパレットリー

試着してもいいですか。
Can I try it on?
キャナイ トライ イット オン

ちょっと大きい(小さい)ようです。
This is a little large(small).
ディスイズ ア リトゥー ラージ(スモール)

領収書をください。
Could I have a receipt?
クダイ ハヴァ リシート

おつりの計算があいません。
You gave me the wrong change.
ユー ゲイヴ ミー ザ ローング チェインジ

グアムのショッピングセンター

主なショッピングセンターはこの5か所。それぞれに特徴があるのでお目当ての場所を見つけて出かけよう。送迎サービスやシャトルバスを上手に使えばハシゴもできる。

ハイブランドを狙うならここへ
Tギャラリア グアム by DFS
······ T Galleria Guam by DFS

世界の名だたる高級ブランドが並ぶラグジュアリーなモール。主要ホテルを巡回する無料シャトルバスがあったりとサービスも充実。

ジャンル別におみやげが探せる
JPスーパーストア
······ JP Superstore

ファッションやコスメ、雑貨、フードギフトなどがジャンル別に並ぶ巨大セレクトショップ。豊富な品揃えでおみやげ探しにもぴったり。

ショッピングもグルメも大満足
デュシット・プレイス
······ Dusit Place

ハイブランドとカジュアルブランドがバランスよく揃い、グアム唯一の旗艦店も多い。レストランやカフェも充実している。

宝探し気分でまわりたい
マイクロネシア・モール
······ Micronesia Mall

島内最大級の巨大モール。人気のカジュアルブランドやメイシーズ、コスメや雑貨の店など幅広く揃う。室内遊園地やフードコートも楽しい。

アウトレット品をお得にゲット
グアム・プレミア・アウトレット(GPO)
······ Guam Premier Outlets

コスパ抜群のアウトレット品がローカルにも人気。アメリカンブランドが多く、特に靴の品揃えは島内随一。広々としたフードコートも人気。

世界最高峰のブランドが集う
Tギャラリア グアム by DFS

T Galleria Guam by DFS
タモン MAP 付録P.10 B-3
タモンの繁華街の中心に立つ、グアム最大級の免税店。名だたるラグジュアリーブランドの新作や日本未発売のアイテム、ここでしか手に入らない限定品が揃う。送迎などのカスタマーサービスが充実しているのもうれしい。

☎671-646-9640 ✍サン・ヴィトレス・ロード沿い 🏠1296 Pale San Vitores Rd., Tumon 🕐10:00～23:00 🏖無休 ♪♫

世界の高級ブランドの品揃えなら、グアム随一

モードな気分の買い物スポットならココ

ハイブランドのアイテムが充実!!
大注目のショッピングセンター

お買い物天国のグアムでまず訪れるべきショッピングスポットがこちら。憧れのショップをハシゴして、新作をいち早くゲットしよう。

無料のシャトルバスを利用すれば、アクセスも楽々

遊び心のある新作も楽しみ
フェンディ
Fendi
イタリアを代表する老舗ブランド。ブランドを象徴する「F」をあしらった人気のバッグのほか、時計や小物なども人気が高い。

⬆取り外し可能なインナーポーチ付きのミニバッグ

$1370

$5050

⬆美しい編み込みが印象的なピーカブーは黒が人気

⬆使いやすいサイズでクロスボディバッグにもなる

$2450

送迎サービスで楽々お買い物

主要ホテルを巡回する無料シャトルバスがあるので離れたホテルからもアクセスしやすい。空港へのシャトルバスも出ているので、帰国前のお買い物にも最適。

おみやげコーナーには定番のあのスイーツも

アメリカ発の注目ブランド
トリーバーチ
Tory Burch

デザイン性と機能性を兼ね備えたアイテムがあらゆる世代の女性を虜に。スタイリッシュなシューズや小物も人気。

$248

⬆エンボスレザーのロゴがついた折り財布

$378

$383

⬆クラシックなシルエットで実用性に富んだハンドバッグ

⬆丸みを帯びたフォルムがかわいいバケットバッグ

大人の魅力を引き出す逸品
ロエベ
Loewe

スペイン発のラグジュアリーブランド。上質な素材と独自のデザイン性が光るバッグは、どれも大人の女性にぴったり。

$2400

⬆柔らかなラムスキンを使用した巾着バッグ

数々の海外セレブも愛用
セリーヌ
Céline

洗練されたデザインが魅力。仕事でもプライベートでも活躍するミニマルなアイテムのほか、ユニークな新作にも注目したい。

$1850

⬆上品なのにカジュアルな印象。マチが広く収納力抜群

$670

⬆高級感のあるシャイニーなカーフスキンを使用

🔆UVAとUVBをカット。金のトリオンフロゴがゴージャス

$510

$650

$1300

⬆折りたたみ可能でパズルのような折り目がユニーク

⬆ラフィアを編み込みカーフレザーを用いた夏バッグ

新進気鋭のデザイナーによる話題のブランドが並ぶ

話題のブランドが目白押し!
マルチブランドコーナーで
おしゃれパトロール

いま注目を集める旬のブランドが勢揃い。グアムではここでしか手に入らないレアなアイテムもあるので一見の価値あり!

ゆったりとした空間でお気に入りの一足をゲット

◯◯マークジェイコブスキッズから動きやすいタンクトップとパンツ

$75

$99

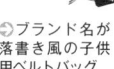

$650

◯メゾンキツネからジャージー素材の動きやすいメンズシャツ

$148.03

$115

◯3枚のカード入れとポケットがついたスマホバッグ

◯ブランド名が落書き風の子供用ベルトバッグ

ギフトコーナーにも注目!!

厳選されたグアムメイドの逸品や、スイーツみやげが揃うギフトコーナー。誰からも喜ばれるチョコレートやクッキーのほか、トロピカルなグアム限定パッケージにも注目したい。

グアム・サイパン・パラオ限定のゴディバ $24

グアムで作られた唐辛子を材料にした激辛ペースト $14.99

ビスケットをチョコで包んだ人気のおいしさ $24

グアム土産にぴったり。ラッテストーン型のクッキー $26.99

憧れのブランドコスメがここに集結!
コスメコーナーで最旬アイテムをゲット

一流ブランドのコスメがずらりと並ぶ、女子には堪らない
コーナー。新作はもちろん、ここでしか手に入らない限定
品やお得なセットも見逃さないで。

⤵潤いのある健康的
な美肌へと導くラン
コムの美容液

$195

↑オードパル
ファムなどクロ
エの4つの人気の
香りがセットに

$68

↑女性らしさを表
現したバラの香り
のパフューム

$195

↑エスティ
ローダーの
ベストセラ
ーの2本
がセットに

$178

$26

↩繊細な長さを
作るクリニーク
のマスカラ

$225

↩濃厚で甘い
バニラの香り
は官能的な大
人のコロン

⤵ロクシタンから人気の
香りのハンドクリーム8
本セット

$79

$67

$33

↩なめらかで輝きのある肌
を作り出すローション

↑キールズの人気クリームは
保湿ケアと肌荒れ対策に

$30

↑美しい仕上がりを長
持ちさせるメイク後の
フィニッシングミスト

87

旅のさまざまなシーンで大活躍!
カジュアルアイテム充実の
ショッピングセンター**④**店

リゾートアイテムを現地調達したり、おみやげを買ったり、
リゾートステイのあらゆるシーンで活躍してくれる
ショッピングセンターをチェックしよう!

約120店舗が集まる巨大モール
マイクロネシア・モール

Micronesia Mall
デデド **MAP** 付録P9 F-1
映画館や遊園地まで備えたミクロネシア
最大級のショッピングモール。広大な敷
地内にあらゆるジャンルのショップが集
まっているので、気になるお店は事前に
チェックしておくのが吉。各国料理が食
べられるフードコートも評判だ。
☎671-632-8881 ✈マリン・コア・ドライブ沿い
⊕1088 W. Marine Corps Dr.,Dededo ⏰10:
00～21:00(店舗により異なる)、日曜は～20:00 ⊗
無休(店舗により異なる) ♫□(店舗により異なる)

新作サンダルも続々入荷
フリップ・フロップ・ショップス

Flip Flop Shops
ハワイアナスやロキシーなど人気ブラ
ンドのビーチサンダルが揃う。街なか
でも履けるようなデザインも豊富。

◀甲をしっかり
ホールドして歩
きやすさも抜群

室内遊園地など エンタメ充実

メリーゴーラウンドやドラゴンコースターなどのアトラクションが楽しめるファンタスティックパークやゲームセンターもあり、雨の日や家族連れにおすすめ!

ローカルの憩いの場でもあるセンターコートではイベントも開催

肌にやさしい子ども服

オブセスト

Obsessed

ベビー用品を中心としたライフスタイルショップ。植物由来やオーガニック素材の生地を使った服は繊細な子どもの肌にやさしく、デザインはシンプルで機能性も抜群。文房具やアクセサリーも揃う。

$36

◐動きをさまたげないシンプルデザイン。フロントホックはママも楽チン

◑親子でお揃いで使えるピアスのセット

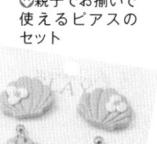

$39.5

$22

おみやげにぴったりな雑貨も揃う

$36

◐コットン100%で汗かきの子ども安心。後ろにはココナッツのボタン付き

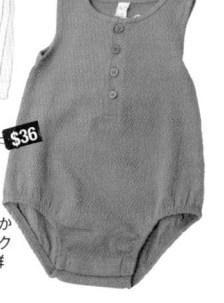

◑素材はとてもやわらかなソフトオーガニックコットン。着心地も抜群

89

SHOPPING

フチプラアイテムも多数
シュガー・クッキー
Sugar Cookie

アメリカで人気のボディケア用品が揃う。グアム産のココナツオイルやは石鹸は評判も良く、おみやげにも最適だ。

$13.80

➡保湿成分たっぷりのフェイスマスクで肌をリフレッシュ

$15

➡毛穴の詰まりを取り除き、輝かしい美白肌に導く拭き取り化粧水

➡プルメリアの香りのバージンココナツオイル1オンスの3本セット

$7.50

$35.4

➡たっぷりのコラーゲンで滑らかで若々しい肌へ導くフェイスクリーム

トレンディな服が充実
オーラ
Aura

カラー別にディスプレイされる店内にはトレンドをほどよく取り入れた華やかな服がいっぱい。鞄や靴などのファッション雑貨もある。

$54.99

➡やわらかな生地で着心地抜群のキャミソールワンピース

海を感じるセレクトショップ
シーズ・プラス・サイドウォーク
seas + sidewalks

オーナーが選んだシンプルで上品なアイテムはビーチリゾートにも普段使いにもばっちり。メンズアイテムも扱う。

充実のフードコートに注目!!

2階の中央部にあり、テイクアウト専門店が約20店舗揃う。さまざまなジャンルの料理を同時に味わえる。

マクロネシア・モール
フィエスタ・フードコート
Micronesia Mall Fiesta Food Court

客席も約750席あり、広々としている

Shop List

主要ブランド
ゲス／リーバイス／ベンチ／フットロッカー／ボールズ／ビタミンワールドなど

他のページで紹介
Ⓡ シナボン ▶P127　Ⓡ プレッツェル・メーカー ▶P127
Ⓡ アメリカン・ベーカリー ▶P126　Ⓢ ABCストア ▶P104
Ⓢ ベイレス・スーパーマーケット ▶P106

90

ノース、セントラル、サウスの3部構成。ブランドやカフェもあり

好立地＆ホテル直結で便利

ショッピングスポットが集まる中心エリアに立ち、グアム唯一の水族館やデュシットビーチリゾートグアム（→P. 133）に直結しており、利便性も抜群だ。

タモン地区の中心に立つ

デュシット・プレイス

Dusit Place

タモン MAP 付録P.10 B-3

ハイブランドの旗艦店やフロアで展開する大型ショップ、個性的なローカルブランドが数多く集まる。人気レストランやカフェも30店舗以上が揃う。ツアー会社のデスクやラウンジ、レンタカーのカウンターなど旅に役立つサービスも充実。

☎671-649-1275 交サン・ヴィトレス・ロード沿い 所1225-1275 Pale San Vitores Rd. ,Tumon 営10:00～23:00(店舗により異なる) 休無休(店舗により異なる) J (店舗により異なる)

おしゃれなスポーツウェアブランド

ラコステ

Lacoste

機能性や快適性を追求したスポーツウェアブランドでありながら、ファッショナブルなスタイルが人気。

→ポロシャツワンピースはネイビーが人気

←大容量で実用的なトートバッグ。ジップポーチ付き

雑貨や小物も見逃せない

マム・エ・モア

Mam et Moi

「ママと私」の店名どおり、母娘のためのユニークなセレクトショップ。南国スタイルのおそろいコーデを実現してくれる。

←ビキニの上から着てイメチェンできる水着カバー

→緑を基調にしたボタニカルデザインのチューブトップワンピース

↓店のオリジナルキャラクターのトートバッグ

シカゴ発の高級靴ブランド

コール・ハーン

Cole Haan

品のあるデザインながら、軽量化など履き心地も追求するブランド。グアムでは唯一の店舗。

Shop List

主要ブランド

グッチ／ボッテガ・ヴェネタ／バレンシアガ／コーチ／ジバンシー／ビルケンシュトック／ポール・スミスなど

他のページで紹介

R アイホップ ▶P.47
R イート・ストリート・グリル ▶P.48
R ビーチン・シュリンプ ▶P.117

グアム最大のセレクトショップ

JPスーパーストア

JP Superstore

タモン **MAP** 付録P10 B-3

最旬のファッションブランドからグアム産の食品まで、幅広いラインナップを誇る。お手ごろ価格のものや小分け包装のものも種類豊富で、おみやげ探しにも便利。タモン地区のホテルには、買ったものを翌日までに届けてくれるサービスも。

☎671-646-7887 ☒サン・ヴィトレス・ロード沿い ⛺1328 Pale San Vitores Rd., Tumon ⏰9:00～23:00 ㊡無休 📷

⤴ホテル・ロードの入口から入るとツリーのオブジェが迎えてくれる

JP店内にホノルルコーヒーが登場

Fashion / ファッション

セレブ御用達ブランドが多数登場

⤴クマがかわいいモスキーノのキッズTシャツ

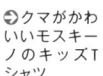

$113

$475

⤶さわやかなマルニのメンズ開襟シャツ

$15.99

⤴爪の乾燥を防いでくれるキューティクルオイル

 **$24**

⤴イタリア発のミントの香りの歯磨き粉セット

Beauty / ビューティー

上質コスメばかりが大集結

営業時間が長く使い勝手◎

朝は9時から夜は23時まで営業しているので、帰国前の朝イチやディナー後の時間帯でのショッピングに便利。時間を有効活用できる。

Toy's, Baby & Kids
ベビー＆キッズ おもちゃ

ベビー用品からおもちゃまで充実

$295

⤴人気のモスキーノのトレーナー

$53

⤴上質なシュタイフのテディベアは時代・世代を超えて大人気

Food
フード

チョコやクッキーからお酒まで

Gift & Home
ギフト＆ホーム

ブランド品から南国アイテムまで

$12.99

⤴アイラブグアムのクマはおみやげの定番商品

$7

⤴お料理が楽しく、楽になるピーラー

$24

$33

⤴樹脂で作られたグアムの美しい海を思わせるウッドトレイ

⤴収納力抜群のキャンバス地のトートバッグ

$32

⤴グアム・サイパン・パラオ限定パッケージのゴディバ。15粒入り

$15.99

⤴マカデミアナッツをハニーミルクチョコで包んだ贅沢なおいしさ

Shop List

主要ブランド
ディーゼル／オフホワイト／ヘルノ／ノースフェイス／ケイトスペード／ハーシェル／ジェリーキャットなど

93

お得なショッピングが楽しめる
グアム・プレミア・アウトレット
Guam Premier Outlets
タムニング **MAP** 付録P6 C-4

「GPO」の愛称で親しまれるアウトレットモール。商品は定価の20〜70%オフで販売しており、まとめ買いをするとさらにお得になることも。

☎671-647-4032 ✖チャラン・サン・アントニオ沿い ⑰199 Chalan San Antonio Ste. 200, Tamuning ⓦ10:00〜21:00 ⓚ無休 ❻❶

約30ブランド取り扱いがあるのでお目当てのブランドを見つけておくとよい

健康的なセクシーさが魅力
ゲス
GUESS
ジーンズに新しいスタイルをもたらしたアメリカンブランド。デニムに合うトップスは着心地も◎。メンズも扱う。

⟵しっかりとした生地で肌ざわりも最適

⟵ホワイト＆ブラックはどんな洋服にも対応可能

⟵カジュアルすぎないスマートなカラーとスタイル

最旬アイテムをプチプラで！
ローカル・フィーバー
Local Fever
ポップでガーリーなトレンドアイテムを揃える。小物やアクセサリーもあるので、トータルコーディネートも可能。

⟵トロピカル柄がかわいいガールズサイズのオールインワン

⟵かわいいフレアータイプのタンクトップ

⟵元気に着こなしたいときには欠かせない！

掘り出し物をゲットしよう！

グアム唯一のアウトレットモール。入居するブランドはそれほど多くはないが、お目当てのブランドがあれば格安で手に入るチャンスなのでぜひ利用したい。

➡歩くたびにキラキラ光るライトアップスニーカー

➡軽くてクッショニングに優れたナイキ定番の一足

家族みんなの靴をゲット
フェイマス・フットウェア
Famous Footwear

ナイキやビルケンシュトックといった人気ブランドを多数扱う。アウトレット価格なのでまとめ買いも◎。

$39.99

➡モーブカラーのモカシンが冬の足元を暖かくおしゃれに演出

掘り出し物がいっぱい！
ロス・ドレス・フォー・レス
Ross Dress for Less

ローカル御用達の店。アパレル用品からキッチン用品、インテリア雑貨まで幅広いアイテムが驚きの低価格で手に入る。

➡ピンクストライプの帽子。夏ファッションのアクセントに

➡キッチンを楽しくしてくれるかわいいキッチンタオル2枚セット

➡マイケルコースのトップがお値打ちプラス

➡ゆったりシルエットのトップはマイケルコースから

➡DKNYのヒールが驚きのプライス

➡インテリアにもなるおしゃれなディフューザー

美と健康のサプリ専門店
ビタミン・ワールド
Vitamin World

さまざまな美容・健康の悩みに対応したサプリメントを販売。登録無料の会員になるとさらにプライスダウン。

➡多くの栄養素を含むスーパーフルーツアサイーのサプリメント

➡女性が1日に必要なビタミンやミネラルを補える

ジュエリーもお買い得に
ヴィンス・ジュエラーズ
ViNCE JEWELERS

ダイヤモンドから、手に取りやすい価格のジュエリーまで扱う。グアムオリジナルジュエリーは旅の思い出にぴったり。

➡繊細でラグジュアリーなデザインは手元を見るたびに幸せな気分に

➡ピンクゴールドのプルメリアのヘッドが胸元を華やかに演出

➡美しい彫りが特徴のプルメリアピアス

➡グアムの紋章がモチーフになったネックレスはローカルにも人気

Shop List

主要ブランド
トミー ヒルフィガー／カルバンクライン／ナイキスポーツバイA.B.スポーツ／ロコ・ブティック／リーバイス アウトレットなど

充実のフードコートに注目！！

ショッピング中に手早く食事を済ませたいなら、フードコートの利用がおすすめ。ハンバーガーなどの洋食から、中華、BBQなど多彩なグルメが集まる。

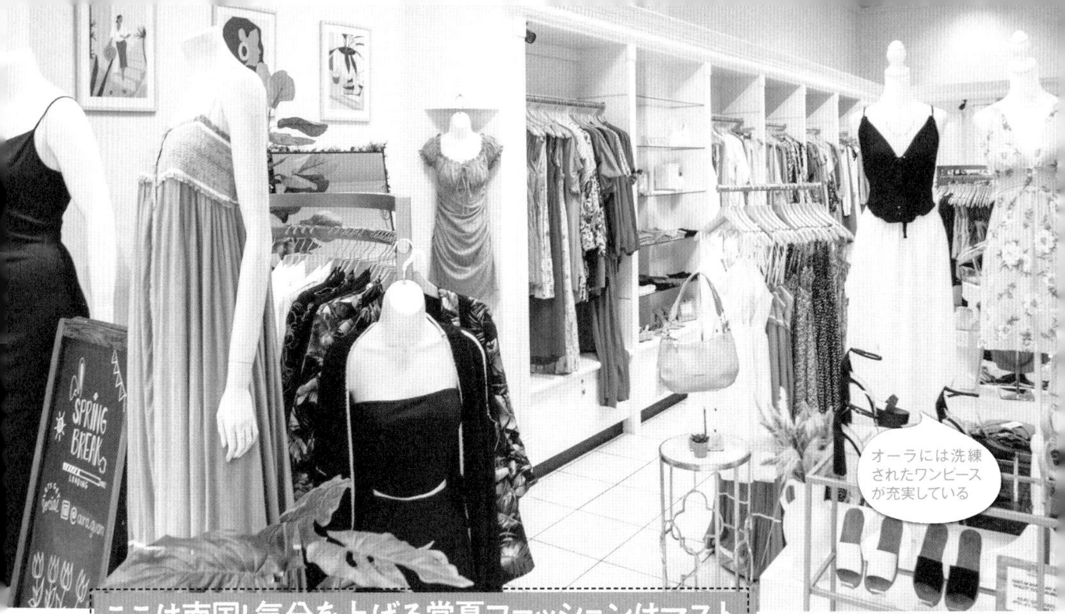

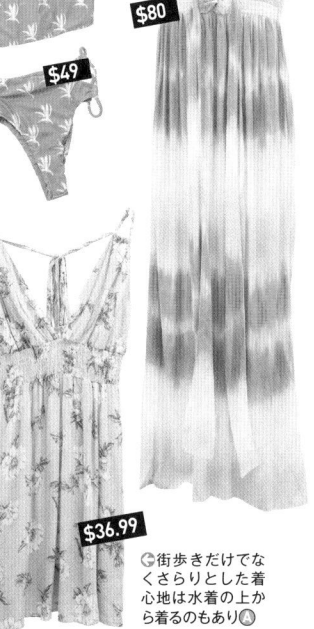

オーラには洗練されたワンピースが充実している

ここは南国! 気分を上げる常夏ファッションはマスト

リゾートアイテムは現地調達が正解!!

グアム到着後、まず手に入れたいリゾートアイテム。カラーバリエーションと豊富なデザインは南国ならでは! 普段とは違う自分に変身してみるのも楽しい。

$49

$49

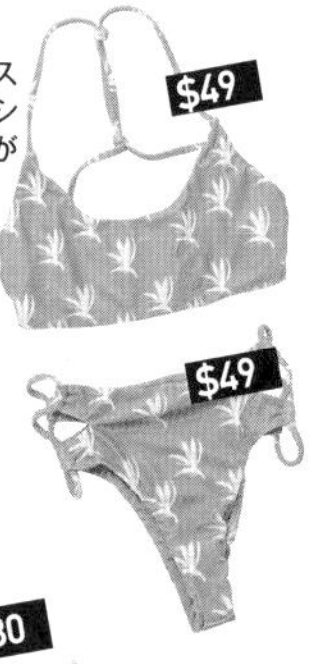

➡品のいいマスタードカラーとシンプルデザインが大人っぽい Ⓒ

$80

⬇華やかだけど派手になりすぎないパステルカラードレス Ⓓ

$40

$45

⬆アクティブ派にぴったりのデザイン。ブルーと黒のリバーシブル Ⓒ

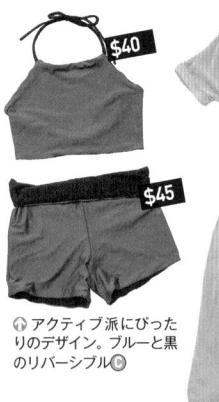

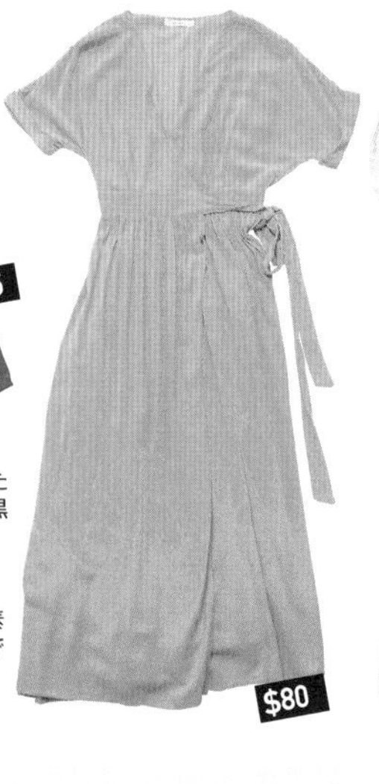

$80

➡落ち感のある上質素材とラップスカートで女性らしさをアップ Ⓒ

$80

⬇痩せ効果のある太めにマークしたウェストがポイント Ⓓ

$36.99

⬅街歩きだけでなくさらりとした着心地は水着の上から着るのもあり Ⓐ

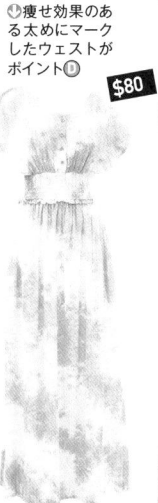

リゾート感あふれる
トロピカル柄のサン
ダルもおすすめ

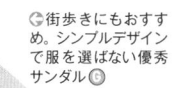

◌ 街歩きにもおすす
め。シンプルデザイン
で服を選ばない優秀
サンダル G

$30

$63

⬆ たくさん歩く日は履き心地がよくて
軽いシューズがおすすめ G

◌ ビルケンシュトッ
クのメンズサンダル。
歩きやすさはお墨付
き！ H

◌ ナチュラル素
材とやわらかな
ソールで街散策に
ぴったり G

$99.99

$34.99

$26

$30

◌ 人気のハワイアナス。
トロピカルフラワーの
トングがおしゃれ G

⬆ 服に合わせやすいス
モーキーピンク。イラ
ストも南国っぽい G

$58

$3.99

⬆ ナチュラル素材で普段使いに
もおすすめ。カラフルなチャーム
もグッド C

⬆ 揺れる3つのサークルがとって
もキュートなピアス E

Shop List

97

センスが光るおしゃれアイテムが充実!!

ハイセンス! 街なかセレクトショップ②店

店主のこだわりでセレクトされた商品が揃うセレクトショップ。
旬のリゾート&カジュアルアイテムを探すなら、まずは訪れてみたい2軒を厳選。

ローカル女子御用達ショップ
スレッズ・グアム
Threads Guam
ハガニア MAP付録P.11 C-3

シーンを選ばない品のいいカジュアルウェアが揃っており、ローカル女子にも大人気の店。サンダルやバッグ、小物類もあるので、トータルでコーディネートができる。

☎671-969-2885 ⊗チャモロ・ヴィレッジ バス停から徒歩5分 ㊟143 A San Nicolas Bldg.,Route 4, Hagatna ⊕10:00〜19:00 ㊡日曜 🅿

服に合わせたアクセサリーやバッグなどもあるのでぜひ来てね!

カジュアルからエレガントまでトレンディなアイテムが充実している

↑色別にディスプレイされお気に入りを見つけやすい

↩おしゃれなローカル女子に人気の店のロゴ入りTシャツ

↩服に合わせて選びたい、ピアスとネックレスのセット

↪シンプルデザインのチュニック。合わせるボトムでいろいろなスタイルを楽しめる

↑女性らしいふんわりシルエット。大胆な花柄がインパクト大

↑ビーチでもタウンでも活躍してくれそうなダメージデニムのショートパンツ

黒と白で描かれたトロピカルな壁画が印象的でスタイリッシュな店内

ストリート系ローカルブランド
クラウンズ

Crowns
ハガニア MAP 付録P.11 B-3

グアムらしいモチーフを取り入れながらも、シンプル＆クールなデザインで人気。Tシャツやキャップを多く展開しており、普段のファッションに取り入れやすい商品が並ぶ。

☎671-922-5327 ✪チャモロ・ヴィレッジバス停から徒歩5分 ㊟173 Aspinall Ave., Hagatna ㉺11:00～18:00(日曜は～16:00) ㉭無休 🖃

↑アサイーボウルで有名なカフェが隣にある

➡デニム生地に王冠のクラウンロゴ、つばはカモフラージ柄

⬇右腕だけに入っているブランドのセカンドロゴがカッコいい

↑ヤシの木、カヌー、恋人岬が描かれたグアムの紋章が刺繍されている

➡首にかけるタイプのキーホルダーはローカルに大人気

➡島民であるプライド「アイランダー」という言葉をデザインに

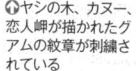

↑鮮やかなブライトピンクがきれいなTシャツ。大人サイズのTシャツはすべてユニセックス

オーナーの思いが感じられるナチュラルテイストの店内と自然派アイテム

ココでしか買えない逸品揃い!!

おしゃれな個性派ショップ④店

環境に配慮した雑貨やグアムならではの商品が揃う個性派ショップが増加中!
ひと味違ったおみやげ探しにもぴったりな、ユニークな店舗に注目!!

地球にやさしい社会を目指して

ヌマロ・リフィレリー

Numa'lo Refillery
ハガニア **MAP** 付録P.11 B-2

グアムの自然を守りゴミのない社会を目指し、シャンプーやソープなどは植物由来成分で作られ、雑貨はプラスチック未使用のものばかり。液体洗剤などは客が容器を持参する。

☎なし ✉チャモロビレッジ内 🏠Chamorro Villageg,Unit 139,140,Hagatna 10:00～18:00、水曜10:00～20:00、土曜12:00～17:00 休日曜 🈂

↑チャモロビレッジにあり、平日も営業

$25

↑3サイズが1枚ずつ入った蜜蝋で作られた食品用ラップ

$16
→ココナッツオイルと薬草で作られたデオドラント

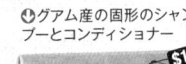
$16

→皮膚科によるテスト済みのヴィーガンデオドラント

$10.50
$10

→ココナッツで作られた瓶用ブラシ。持ち手は木製で自然還元が可能

→シルクのデンタルフロス2つ入り。再利用可能なガラス容器付き

↓グアム産の固形のシャンプーとコンディショナー

$19
$20

ノニの高い栄養素を商品に
キングフィッシャーズ・ノニ
Kingfisher's NONI
タモン **MAP** 付録P.9 F-3

健康食品と呼ばれるノニの有効成分を含んだビューティーアイテムやティー、ジュースなどが人気。サイパンで誕生したブランドで、現在はグアムでも商品を製造している。
☎671-777-5697/671-987-9675 ⊗マリン・コア・ドライブ沿い ⊕1056 N Marine Corps Dr.Unit 1F,Tamuning ⊜10:00〜15:00 ⊛土・日曜 ⊟

$7

⬅値段も手ごろで一番人気の商品。ノニ独特の匂いはなく使いやすい

$8

➡パッケージもかわいくおみやげにも最適な固形パフューム

⬆ウェスティンホテルからなら徒歩圏内

$28

⬅メイクや肌の汚れを落とす泡タイプのクレンジング

➡ノニ、ココナッツオイル、薬草などから作られたシャンプー
$28

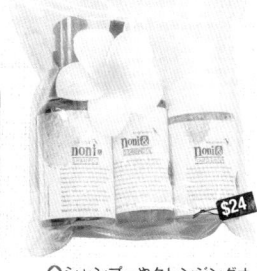
$24

⬆シャンプーやクレンジングオイルなど人気3商品がセットに

グアムの伝統菓子を商品化
ココナッツ・ツリー・カンパニー
The Coconut Tree Company
ハガニア **MAP** 付録P.11C-3

昔から家庭で作られてきたおやつ、ココナッツキャンディーを商品化。かわいいパッケージでおみやげに人気だ。コーヒーやモカのほか、季節商品としてマンゴー味も登場する。
☎671-472-3775 ⊗サン・アントニオ橋そば ⊕220 Chalan Kanton Tasi Ste 104, Hagatna ⊜9:00〜16:00 ⊛月・日曜 ⊟

⬆1粒ずつ個包装され、缶などに入ったギフト仕様

$4.45
⬆トラディショナル、モカ、コーヒーの3つの味

ひとつひとつていねいに手作りされている

$12.60
➡シンプルで伝統的な味のトラディショナル12個入り

思わず食べたくなるかわいさ
センティッド・ウィック・キャンドル
Scented Eick Candle. Co.
ハガニア **MAP** 付録P.11C-4

おいしそうなデザートを再現した本物そっくりの手作りキャンドルは、環境にもやさしいソイワックス。ルームフレグランスやリネンスプレーなどもある。
☎なし ⊗アガニアショッピングセンター内 ⊕302 South Route 4 #100,Hagatna ⊜10:00〜20:00 ⊛なし ⊟

⬆さまざまなデザートキャンドルが登場

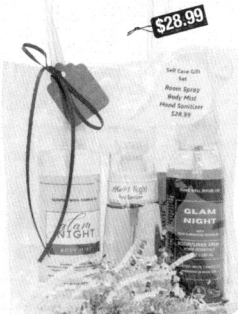
$28.99

$32
⬆誕生日ケーキをイメージしたキャンドル

➡ルームスプレー、ボディミスト、ハンドサニタイザーのセット

SHOPPING

FROM *Guam* WITH LOVE

> Tギャラリアのおみやげコーナーは充実

南国らしいパッケージも素敵!!

こだわり派におすすめ!!
Made in Guam みやげ

おみやげの大定番であるフード&コスメ。ひと味違ったものを探すなら、最近増加中のグアムメイドから探してみるのが◎

Guam made

フード

チョコレートからクッキー、コーヒーまで、種類豊富に勢揃い

Ⓐ **ミディアムロースト（3oz）$6.50**
↪グアムで焙煎された豆はバランスのとれたまろやかな味わい

Ⓐ **ミルクチョコレートカバーミニプレッツェル $6**
↪ミニプレッツェルをミルクチョコでカバーした人気のスナック

Ⓐ **4 パックミルク&ダークチョコレートバーコレクション $26**
↪カカオ含有量が異なる4種類がセットに。美しいパッケージはおみやげにも最適

Ⓑ **ドライマンゴー $4.25**
↪マンゴーのおいしさをそのまま凝縮したおみやげで人気の定番商品

Ⓑ **トーストビスケット $5.99**
↪黒ごまビスケットをダークチョコとホワイトチョコでコーティング

Ⓑ **マカデミアナッツチョコ $15**
↪小袋が10個入ったお徳用バッグ。バラマキみやげにおすすめ

Ⓑ **チャモロチップクッキー $7.99**
↪ローカルにも人気のロングセラー商品。ナッツとチョコが相性抜群

Ⓑ **ラッテストーンクッキー（16パック）$28**
↪代表的なチャモロ遺跡のラッテストーンをかたどったクッキー4種類

Ⓑ **チャモロコーヒー $17.99**
↪グアムで焙煎されたばかりの新鮮で香り高いコーヒー豆

JPスーパーストアはコスメも豊富

Guam made コスメ

グアムの自然を原料にしていねいに手作りされたアイテムばかり

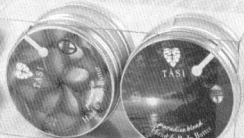

Ⓑ タシハンド&ボディバター（4個パック）$23

⤴使い心地と香りが良く、グアムらしい美しいパッケージも人気

Ⓑ ノニソープ $7

⤴美肌に有効な成分がたっぷり！自然の力でツルツルお肌に

Ⓑ ピンクプルメリアオイル $14

⤴プルメリアの香りが心地いい。全身に使えるココナツオイル

Ⓒ ダオクオイル（30㎖）$23

⤴ダオクの木の実から抽出した万能オイル

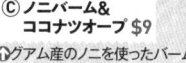

Ⓒ ノニバーム&ココナツソープ $9

⤴グアム産のノニを使ったバームとソープのセット

Ⓒ マリカイソープ（2.8oz）各$9.6

⤴ココナッツオイルにノニ、ハイビスカス、シアバターを配合した手作り石鹸

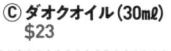

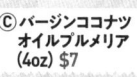

Ⓒ バージンココナツオイルプルメリア（4oz）$7

⤴プルメリアの香りのグアムで手作りされるココナツオイル

Ⓓ リップバーム（2本セット）$9

⤴ノニ成分配合の手作りリップバームセット

Ⓓ ノニオイル（100㎖）$34

⤴顔、手、体に使えるプレミアムノニオイル

Ⓓ ノニオイル（30㎖）$15

⤴ノニオイル初心者におすすめのサイズ。匂いもなく使いやすい

Ⓐ Tギャラリア グアム by DFS
T Galleria Guam by DFS
▶P84

Ⓑ JPスーパーストア
JP Superstore
▶P92

Ⓒ シュガー・クッキー
Sugar Cookie
▶P90

Ⓓ キングフィッシャー・ノニ
Kingfisher's NONI
▶P101

お役立ちグッズもプチプラアイテムも揃う買い物天国

宝探し気分が楽しいスーパー❸店

グアム限定の雑貨、現地で調達したいビーチアイテム、プチプラのコスメやフードなど、何でも揃う地元のスーパーにはショッピングの楽しみが凝縮しています。

1

見た目も香りも
とってもキュート

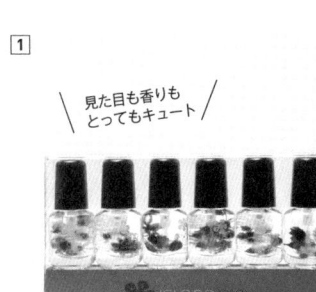

$16.99

2

$14.99

3

$8.99

4

$4.99

5

$349.00

6

$4.99

7

$16.99

8

$14.99

9

$5.99

10

$6.99

11

$5.99

12

$20.99

13

$18.99

14

$6.99

1 フラワーの香りに癒されながら甘皮や爪に潤いを与えてくれるオイル

2 ABCストア限定のキーホルダー。日焼けしたキティがグアムらしい

3 プルメリアのヘアピンひとつでかわいい南国スタイルを格上げ

4 プルメリアの香りに癒やされるボディバター

5 カリフォルニアワイン・パトリモニーの赤。調和のとれた味わいが人気

6 グアムメイドのTASIの塩はおみやげにぴったりな一品

7 日本では買えないSPF110のスグレもの。肌が白くならないスプレータイプの日焼け止め

8 敏感肌用製品で有名なニュートロジーナが誇る日焼け止めはサラサラのつけ心地

9 グアム島の形にグアムのアイコンがちりばめられたマグネット

10 ハンドメイドの木製キーホルダー。色違いのカメの親子がかわいい

11 グアム島の旗のデザインがマグネットに。グアムを代表するデザイン

12 きめ細やかな泡がしなやかな髪を作り美髪へ導くシャンプー

13 髪や頭皮にこだわるならこのコンディショナーがおすすめ

14 醤油やレモンに唐辛子、チャモロ料理の万能ソースはおみやげに最適!

圧倒的な品揃えの有名チェーン

ABCストア
ABC Stores
タモン **MAP**付録P9 F-1

ビーチグッズから食料品まで、滞在中に必要なものは何でも揃うといっても過言ではないほど、品揃えが豊富。雑貨やお菓子はおみやげにもぴったり。営業時間も長くて便利。グアムでは9店舗を展開。

☎671-646-0911 ⊗デュシットプレイス内 ⑯1225 Pale SanVitores Rd,Tamuning ⓣ7:30〜23:30 ⓥ無休 ▭

1 $43.49

2 COOKIES Macadamia Nut and Chocolate Chip $5.99

3 GUAM $2.49

7 海に浮かべばマーメイド気分！

IRIDESCENT MERMAID TAIL LOUNGE
One $5.99

4 COCONUT CHIPS $6.99

5 GUAM $6.99

6 GUAM COFFEE $10.49

8 細かい作りがリアルでかっこいい！ $10.49

9 $11.99

10 TABASCO BRAND PEPPER SAUCE $6.99

11 $7.99

12 Guam $4.99

13 GUAM $2.99

14 tempura $2.99

15 KISS JELLY FANTASY $8.99

16 BANANA BOAT Ultra Defense $19.99

17
GUAM 6缶 $13.99

18 $1.99

19 HAVA $3.99

1 グアム紋章をデザインした大容量の水筒
2 人気のおみやげクッキー。サクサク感が人気
3 フルーツのおいしさが凝縮したスナック
4 カリッと香ばしいココナッツのチップス
5 グアムメイドのマカデミアナッツチョコレート
6 グアムで焙煎され挽かれたコーヒー豆
7 プールや海で大活躍。マーメイド型のフロートプール
8 男の子に大人気のストリームマシンガン。お手ごろ価格もうれしいガントイ
9 巨大なしゃぼん玉を簡単に作れるマシン

10 ミニタバスコ6本セットはバラマキみやげに
11 ビーチ遊びを盛り上げるフライングディスク
12 水着のデザインが夏らしいショットグラス
13 いくつも欲しいトロピカル感満載のマグネット
14 サクッとした食感が人気の海苔の天ぷら
15 ビジュ付きヌードカラーのスカルプネイル
16 水にも強いSPF100の強力日焼け止め
17 グアム1ブランドのバナナ風味のビール
18 マチが広いグアムデザインの優秀エコバッグ
19 カラフルなグアムらしいデザインのマグネット

お手ごろ価格がうれしいスーパー

Kマート

Kmart
タモン MAP 付録P7 F-2

倉庫のように広々とした店内には、食品から日用品、洋服まで幅広いアイテムが並ぶ。他店よりもお手ごろな商品も多く、まとめ買いするとさらにお得な場合も。バラマキみやげ選びにぴったり。

☎671-649-9878 ⊗マリン・コア・ドライブ沿い 🏠404 N.Marine Corps Dr.,Tamuning ⏰24時間 休無休 💳

ローカル気分でショッピング！

ペイレス・スーパーマーケット

Pay-Less Supermarket
デデド MAP 付録P.9 F-1

ローカルの生活を支える大型スーパー。アメリカンブランドの商品は日本では見かけない珍しいものも多く、店内を見てまわるだけでも楽しい。グアム産の食品を集めたコーナーはおみやげ選びにも便利だ。

☎671-637-7233 ✪マイクロネシア・モール内 ㊞1088 Marine Corps Dr.,Dededo,96929 🕐24時間 ㊡無休 🖃

① アメリカのクレヨンブランド・クレヨラがハンドルになったキッズ歯ブラシ2本セット

② ピーナッツバター、フルーツ、ハチミツが入ったエネジーバー

③ 香り豊かで栄養素が高いローカルのビタミン源カラマンシージュース

④ スパイシーなホットソース。チリガーリックとチリライム味

⑤ グアムの人が好きな唐辛子をデザインしたエコバッグはグアムデザイン

⑥ 葉編みや貝などグアムモチーフのピアス3セット。パッケージも素敵

⑦ ソルティッドキャラメルをダークチョコレートで包んだリッチな味わい。大容量のお徳用サイズ

⑧ 酸っぱいパウダーがかかった子どもの形をしたグミ。子どもに人気のお菓子

⑨ オーガニックのアガベシロップ。砂糖より低カロリーなのがうれしい

⑩ 栄養豊富で食べやすく、美容効果も期待できるドライブルーベリー

⑪ 料理やお菓子作りに使える風味豊かなオーガニックココナッツオイル

⑫ グアムで作られたローハチミツ。クマの形をしたボトルがかわいい

⑬ 3種のベリーとチョコチップ入りのグラノーラ。クマのデザインが目印

⑭ ハーゲンダッツのアイスクリームバー。濃厚なバニラアイスが贅沢

①  $2.69

②  $2.79

③  $1.29

④  各 $3.99

⑤  $6.49

⑥  さりげない南国感がおしゃれ！ $24.00

⑦  甘じょっぱいキャラメルがたまらない！ $7.99

⑧  $3.49

⑨  $6.75

⑩ 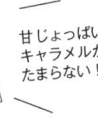 $6.39

⑪  $9.59

⑫  $11.89

⑬  $7.99

⑭  $7.69

スーパー活用ポイント

ペイレスでは野菜や果物は量り売りで、好きな量だけ買うことが可能。スーパーフードから調味料、乾物まで充実のオーガニックコーナーも見逃せない。

米国農務省が定めたオーガニック認証マークUSDA

☜重さの単位はLB（パウンド）となる（左）。頭上にオーガニックコーナーの看板が見える（右）

YOUR UNFORGETTABLE LUNCH AND DINNER

グルメ

🍴

話題の料理も定番も

Contents

食事のキホン教えます グアムのグルメを満喫しよう

おいしいごはんは旅のいちばんのお楽しみ。ボリュームたっぷりのステーキに新鮮なシーフード、海が見える素敵なカフェも魅力的。グアムならではのごちそうを探しに出かけよう。

でかける前に

何を食べる?

多彩な食文化の影響を受けたグアムでは、バラエティ豊かな食事を楽しめる。島国ならではの新鮮なシーフードや、アメリカンテイストのハンバーガー、ステーキなど、ボリューム満点の料理を豪快にいただきたい。グアムの伝統的なチャモロ料理もおすすめだ。デザートにはスイーツも忘れずに。

ステーキ .... Steak

本場アメリカ仕込みの肉厚なステーキは必食。肉の旨みを存分に楽しみたい。

P112

ハンバーガー .... Hamburger

グアムでも大人気のハンバーガー。人気店の自慢の一品を食べ比べしてみよう。

P114

シーフード .... Seafood

グアムは新鮮な海の幸の宝庫。バーベキューで豪快にいただくのもおすすめ。

P116

各国料理 .... World Gourmet

ブラジルやメキシコ、韓国などの各国料理は地元でも人気。人気店も多数。

P120

スイーツ .... Sweets

南の島に来たならひんやりスイーツはマスト。キュートな見た目も楽しんで。

P124

どこで食べる?

カジュアルで開放的なレストランが多いグアム。リゾート気分を味わいたいなら海沿いのカフェやレストランへ。タモンやタムニングにはサンセットを望める店も多い。ほかにもホテルでビュッフェを楽しんだり、フードコートに繰り出したりと、選択肢はさまざま。夜はチャモロダンスを鑑賞できるディナーショーがおすすめ。

営業時間は?

一般的には日本とあまり変わらないが、朝食メニューを提供している店などは早朝7時頃から営業していたり、24時間営業のところもある。また、日曜11〜14時頃には多くのホテルでサンデーブランチを提供している。

予約は必要?

予約なしでも入れる店が多いが、「プロア」(P.110)などの人気店や高級レストランでは予約するのがベター。英語が苦手な場合はホテルのコンシェルジュやツアーデスクに依頼するのも手。HPから予約できる店もある。

子ども連れにおすすめの店は?

中心部にあるファミリーレストランやチェーン店にはキッズメニューが用意されている場合が多い。ハイチェアなどを完備している店もあるので気軽に尋ねてみよう。周りの目が気にならないフードコートもおすすめだ。

ドレスコードはある?

ドレスコードは厳しくなく、高級店でも女性はワンピース、男性はシャツなどスマートカジュアルでOK。ただしビーチ隣接の店を除き、短パンやビーチサンダルでの入店は避けたい。

入店から会計まで

入店して席に着く

入口で人数や予約した人の名前を伝え、スタッフが案内してくれるのを待つ。店がすいていても勝手に席に着くのはNG。

🔖 6時に予約した田中です
I have a reservation for
アイ ハヴァ リザヴェイション フォー
Tanaka at 6 p.m.
タナカ アット シックス ピーエム

料理を注文する

グアムの食事はボリュームがあるので頼みすぎに注意。ただし原則的にメイン料理は1人1皿オーダーしよう。観光客が多く訪れる店には日本語のメニューが置いてあることもある。

🔖 日本語のメニューはありますか
Do you have a Japanese menu?
ドゥ ユー ハヴァ ジャパニーズ メニュー

会計する

会計はテーブルで済ませるのが一般的。「チェック プリーズ」と声をかけるとスタッフが席まで伝票を持ってきてくれる。チップもここで金額に含めて支払うが、すでにサービス料(Gratuity、Service Charge)が含まれている場合は不要になるので、伝票をよく確認しよう。

送迎サービスはある?

タモンやタムニングのホテルへ送迎サービスを行う店も多い。必要な場合は予約の際に伝えよう。時間帯によっては混み合うこともあるので早めの予約をしておきたい。

お店に行ってから

頼みすぎに注意!

ボリューム満点のグアムの食事。特にアジアや中南米料理、チャモロ料理は量が多めなので、頼みすぎには注意しよう。コースの中から選ぶ場合は前菜とメイン、サラダとメインなどの組み合わせがおすすめ。

料理のシェアはできる?

グループで食事をする場合はシェアするのもOK。ただ高級店やイタリアン、アメリカンなどでは各自メイン1皿は注文するのがマナー。

🗨 シェアしたいのですが。
Can we share this?
キャン ウィー シェア ディス

持ち帰りたいときは?

食べきれない場合はスタッフに伝えれば持ち帰り用に包んでもらえる。

🗨 持ち帰りにしてもらえますか。
Can I have a to go box?
キャナイ ハヴァ ア トゥ ゴー ボックス

チップは必要?

グアムのテーブルサービスが付くレストランではチップを渡すのが普通で、相場は金額の10〜15%ほど。ただ、すでにサービス料として金額に含まれていることも多いので、必ず伝票を確認しよう。自分で料理を運ぶ店やファストフードの店では基本的に不要。

喫煙はできる?

ホテルやレストランは基本的に禁煙。オープンエアのレストランやテラス席で灰皿が用意されている場合のみ喫煙できる。屋外に喫煙スペースが設けられていることもある。

飲酒にはIDが必要なことも

飲酒ができる年齢は21歳以上。現地の法律が適用されるため、日本人であっても20歳の飲酒は禁止されているので注意しよう。購入時にはパスポートなどIDの提示を求められる場合がある。また、基本的に深夜2時から朝8時まではアルコールの購入、注文ができない。

知っておきたい
レストランでのマナー

現地のマナーを事前にチェックしておけば、異国での食事も安心。

注文の仕方

席に着いてメニューをもらったらまずは飲み物の注文を。そのあとで食事の注文をするのがマナー。高級店ではテーブル係が決まっていることがあるので、最初に顔を覚えておくとよい。遠くにいるウェイターを呼ぶ時には大声を上げず、手を挙げて合図を。

チップの渡し方

クレジットカードの場合はもらった伝票のチップ(Tip)と合計金額の欄にそれぞれ金額を記入し、サインをして戻す。現金の場合は硬貨ではなく紙幣で渡すのがスマート。レジで支払う場合はレジ横のボックスに入れても良い。チップはスタッフのもてなしに対するお礼なので、いずれも「サンキュー」と伝えるのを忘れずに。

チャモロ料理カタログ

スペインやアメリカなどさまざまな国の影響を受けて生まれたチャモロ料理。甘み・辛み・酸味が織りなす複雑な味を楽しみたい。

ティナタック
Tinaktak
ビーフと野菜をココナッツミルクで炒め煮したもの。ライスにかけてもおいしい

ポークのアチョーテ風味
Pork Achote
グアム式ポークシチュー。アチョーテの実で赤い色と風味がついている

チキン・ケラグエン
Chicken Kelaguen
鶏肉を玉ネギ、レモン汁、チリ、ココナッツでマリネした前菜。チャモロ料理の代表格

カドン・カネー
Kadon Katne
ビーフと野菜を煮込んだやさしい味わいのスープシチュー。グアムの家庭の定番料理

シュリンプ・ケラグエン
Shrimp Kelaguen
エビを使ったケラグエン。プリプリの食感に酸味の効いた味付けが◎

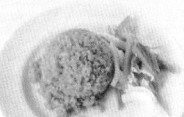

レッド・ライス
Red Rice
アチョーテの実で色づいた赤いご飯。フィエスタなどでも食べられるグアム版の赤飯

車エビのココナッツミルク煮
Shrimp in Coconut Milk
殻付きの車エビを野菜や豆などと一緒にココナッツミルクで炒め煮したもの。南国らしい味付けを楽しめる

南の島で花開いた豊かで多彩な食文化を満喫

おしゃれなフュージョンダイニング ③店

チャモロ料理やパシフィック・リム料理を洗練されたスタイルで提供するダイニングを厳選。盛り付けも映える、グアムならではのごちそうを楽しもう。

ローカル絶賛のBBQ料理

プロア タモン店
Proa Tumon

タモン **MAP** 付録P.7 E-2

できるだけ地元食材を使った料理は、グアムらしさがあふれる絶品の数々。特に、店名を冠したBBQ料理が評判。人気店なのでディナー時は予約がおすすめ。

☎671-646-7762 ⊗サン・ヴィトレス・ロード沿い ⑩429 Pale San Vitores Rd.,Tumon ⊕11:00～14:00,17:00～21:00 ⊛無休 📞🚭

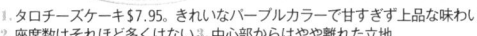

1.タロチーズケーキ $7.95。きれいなパープルカラーで甘すぎず上品な味わい 2.座席数はそれほど多くはない 3.中心部からはやや離れた立地

ツナポキ
Proa-Style Beggars Purse
$15.95
包みの中にはフレッシュなツナポキ。プレゼンテーション抜群の一皿

ビッグフェラートリオ
Big Feller Trio $24.95
ショートリブ、スペアリブ、チキンのBBQとレッド・ライスのセット

ザ・サンプラー
The Sampler $19.95
チャモロ風ドライビーフなどの盛り合わせ

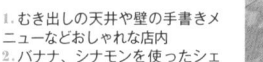

1.むき出しの天井や壁の手書きメニューなどおしゃれな店内 2.バナナ、シナモンを使ったシェフ特製のブレッドプディング $7.95

洗練されたチャモロ料理を堪能

スリー・スクエアズ
Three Squares

タムニング **MAP** 付録P.6 C-3

おしゃれな雰囲気、ていねいなサービス、そして味わい深い料理と三拍子揃った店。朝から夜までどの時間帯も楽しめる。壁に書かれた本日のおすすめ料理は要チェック！

☎671-646-2652 ⊗チャラン・サン・アントニオ沿い ⑩416 Chalan San Antonio, Tamuning ⊕8:00～21:00 ⊛月曜 💳

フライド・パロット・フィッシュ
Fried Parrot Fish $25.95
グアム近海でとれたパロット・フィッシュ（ブダイ）の素揚げ

シーフード中心の地中海料理店

アネモス
Anemos

タモン **MAP**付録P.10 B-4

シーフードを中心とする地中海料理レストラン。地中海沿岸から取り寄せるオリーブやハーブを使い、前菜からパスタ、ピザ、パエリヤなど多彩な料理を楽しめる。

☎ 671-646-8000 ⊠ サン・ヴィトレス・ロード沿い ⊕ 1199 Pale San Vitores Rd, Tamuning, 96913 ⊕ 11:30〜22:00 ⊛水曜 ▱

1. ラムとレモンチェッロを使ったカクテルのサマーサマーブリーズのシェアサイズ 2. こだわりの自家製アイスクリーム、ショコラフォンダン、ティラミス 3. サンドキャッスル隣にあり、ショーを予約するとセットメニューが割引に 4. 青と白を基調にしたさわやかな店内

セットA: シーフードセット
Seafood set $$75.00
イワシのセビーチェ、ギリシャ風ビスクソース、シーフードパエリアなど魚介類づくし

絶対食べたい ステーキ&ハンバーガー は間違いなしの名店で
2大アメリカングルメ ならこの ⑨ 店で決まり!!

見た目のインパクトはもちろん、上質な肉質とこだわりの調理法
で仕上げた絶品ステーキ&ハンバーガーを存分に味わおう!

牛肉の旨みを堪能
Steak
ステーキ
肉の旨みを閉じ込めた
必食メニュー!
シェアがおすすめ

ステーキ以外の
メニューにも
自信あり!

ジューシーな赤身肉に舌鼓
ローン・スター・ステーキハウス
Lone Star Steakhouse
タムニング **MAP** 付録P6 C-4

メスキート炭で焼かれた上質な肉はやわらか。
ハンバーガーやフライドオニオンなども評判だ。
付け合わせのパンはその人気から、テイクアウ
トができるようになったほど。

☎671-646-6061 ⊗グアム・プレミア・アウトレットから
徒歩7分 ⌂615 Marine Corps. Dr.,Tamuning
⏰11:00～22:00 ⍟無休 ♪♪

ボーンインリブアイ ❖ $65
Bone In Ribeye

迫力の骨付きリブアイは抜群のや
わらかさ。脂と赤身のバランスが
楽しめる贅沢ステーキ

➡ウエスタンな雰囲気の店内

旨みあふれる絶品ステーキ
デルモニコ・キッチン&バー
Delmonico Kitchen & Bar
タモン **MAP** 付録P.10 C-2

最高級の牛肉のみを使用し、素材の持つ旨
みを引き出す調理法で提供。落ち着いた雰
囲気のなかで、最高の肉料理を心ゆくまで
楽しめる。

☎671-647-4411 ⊗Ⓗベイビュー・ホテル・グアム
内 ⌂1475 Pale San Vitores Rd., Tumon ⏰
17:00～21:00 ⍟無休 ☏▭

⬆ボードにはおすすめ料理を記載

ニューヨークステーキ ❖ $45+10%
New York Steak

肉の旨みがたっぷり味わえる。
ちょっと贅沢をしたいときに

⬅ジューシーに焼かれたホットアトランティッ
クサーモン $32+10%。レモンの塩漬けでさっ
ぱりと

トマホークステーキ ❖ $105
Tomahawk 900g 28 Day Wet Aged

熟成しやわらかく旨みが凝縮された肉を、豪快に骨付きで焼き上げた看板メニューに、コース料理も仲間入り

本格的なステーキとコースメニューが味わえる
ルーツヒルズグリルハウス
Rootz Hill's Grillhouse
タモン MAP 付録P.10 C-3

オープンキッチンで焼かれるのはUSDA認定のアンガスビーフ。凝縮した味わいが絶品のトマホークや日替わりステーキなどが楽しめる。スタイリッシュな空間で、特別なディナーにぴったり。

☎671-646-7803 ❌Ⓗグアムプラザリゾート内 ㊏1328 Pale San Vitores Rd.,Tumon ⏰朝食6:30〜9:30、ランチ11:30(日曜11:00)〜14:00、ディナー18:00〜21:30 ❹無休 ❶❶◗■

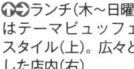

⬆️➡️ランチ(木〜日曜)はテーマビュッフェスタイル(上)。広々とした店内(右)

絶景とステーキを同時に堪能できる
アルフレッズ・ステーキハウス
Alfredo's Steakhouse
タモン MAP 付録P.10 B-3

オーシャンビューが自慢のファイン・ダイニング。旨みが詰まった熟成肉のステーキは思い出の一皿になるはず。素材にこだわったシーフード料理なども評判だ。ドレスコードがあるので注意。

☎671-648-8000 ❌Ⓗデュシタニ グアム リゾート内 ㊏1227 Pale San Vitores Rd.,Tumon ⏰17:00〜21:00 ❹無休 ❶❶◗■

Tボーンステーキ ❖ $68
T-Bone Steak

最上級のU.S.プライムビーフを2つの部位で味わえる贅沢なステーキ。コース料理で選ぶこともできる

➡️多彩な魚介が3段に盛り付けられたシーフードタワー$225は見た目のインパクトも抜群

⬅️大きな窓からタモン・ビーチを望める

※メニュー及び金額は予告なく変更される場合があります

豚肉好きにはココがおすすめ!

アメリカンポークならではの部位「ベイビーバックリブ」をステーキで味わおう!

決め手は特製ソース!
トニー・ローマ
Tony Roma's
タモン MAP 付録P.8 B-4

BBQリブが有名なレストラン。豚肉の骨付き肉を使ったベイビーバックリブが一番人気のメニュー。特製の甘辛ソースをぬって焼いた肉は驚きのやわらかさだ。

☎671-646-0017 ❌サン・ヴィトレス・ロード沿い ㊏626 San Vitores Rd.,Tumon ⏰11:00〜20:00(金・土曜〜21:00) ❹無休 ❶❶◗

⬆️ロイヤルオーキッドホテルの正面入口すぐ

⬆️トニーのBBQトリオ$37はベイビーバックリブ、燻製ソーセージ、エビ串焼のセット。エビをチキンに変更可

⬇️陽気なスタッフが迎えてくれる明るい店内

バンズとパティの名コンビ
Hamburger
ハンバーガー

ローカルもやみつき!
人気店ひしめくグアムで
本場の味を堪能!

モンスター級の大きさに驚き!
ザ・ラウンジ&デリ
The Lounge & Deli
タモン **MAP** 付録P.10 B-

スタイリッシュなホテルのロビー階で、ビッグサイズのモンスターバーガーが食べられる。オーシャンビューのテラスも完備。トロピカルなカクテルなども味わえる。

☎671-646-6811 ❌Ⓗロッテホテル グアム内 🏠185 Gun Beach Rd.,Tamuning ⏰24時間 🈵無休 Ⓙ🈡🈑

モンスターバーガー ❖ $32+10%
Monster Burger

高さ約25cmの名物バーガー。分厚いパティ、トマト、オニオン、チーズなどをサンド。2〜3人でのシェアがおすすめ

↪海風が気持ちよいテラスはサンセットも楽しめる(左)。栄養たっぷりのスムージーも人気がある(右)

インスタ映えな外観にも注目を
ハンブロス
Hambros
タモン **MAP** 付録P.9 D-3

サーロインと肩バラ肉から作った自家製パティが好評価な専門店。ドリンクとフライドポテトなどのサイドメニュー1品がプラス$5で追加できるのもうれしい。

☎671-646-2767 ❌サン・ヴィトレス・ロード沿い 🏠1108 Pale San Vitores Rd.,Tumon ⏰11:00〜21:30(土・日曜〜22:30) 🈵無休 Ⓙ🈡🈑

↪青を基調とした外観

↪木を多く使ったログハウス風の店内

アボカドバーガー ❖ $11.50
Avocado Burger with Wasabi Mayo

クリーミーな口当たりのアボカドにパンチの利いたわさびマヨネーズがアクセントに

↩ビール入りの衣を使うことでサクサク食感のオニオンリング $7

ラムとビーフの合わせ技が見事!
モサズ・ジョイント
Mosa's Joint
ハガニア **MAP** 付録P.11 A-2

グアムのハンバーガーフェストでの優勝経験を持つ。ラムとビーフを合わせたパティにゴルゴンゾーラチーズをあわせたラムバーガーなど、独創的なメニューが並ぶ。

☎671-969-2469 ❌チャモロ・ヴィレッジバス停から徒歩6分 🏠101 Quan Bldg.324 W. Solidad Ave.,Hagatna ⏰11:00〜21:00 🈵日曜 🈑

バーガーフェスト優勝バーガーをぜひ食べてね!

↑多彩なアートに囲まれたアメリカンな雰囲気

スピナッチ、マッシュルーム&ブルーチーズバーガー ❖ $13.95
Spinach, Mushroom & Blue Cheese Burger

マッシュルームとブルーチーズがうまさのアクセントになった店のイチオシメニュー

グアム発の人気ハンバーガー
メスクラ・ドス
Meskla Dos
タモン MAP付録P.7 F-2

ハンバーガーとBBQ料理を提供
する人気店。200gを超えるパ
ティとピリ辛ソースが絶妙なラン
チェルバーガーや、チャモロ料理
に着想を得たメニューなど種類豊
富。

☎671-646-6295 ⊗マリン・コア・ドライ
ブ沿い ⑭413 A&B N.Marine
Corps.Dr.,14A,Tamuning ⊗11:00
～21:00 ⑭無休 Ｊ🍴

⬆交通量の多い
交差点角に ある。
注文は カウン
ターで

⬅レッド・ライス
とBBQがセット
になった人気の
プレート$12～

クエテチーズバーガー ❖ $12
Kuetes Cheese Burger

ビーフとチーズの定番バーガー
にスパイシーなソースが決め手

朝から行列をつくる有名店
ピカズ・カフェ
Pika's Cafe
タモン MAP付録P.9 E-3

タモン中部から離れた場所に位置
しながら、確かな味で行列をつくり
出す。地元産野菜やココナッツミル
クのソースを使ったグアムらしいハ
ンバーガーが食べられる。

☎671-647-7452 ⊗マリン・コア・ドライブ
沿い ⑭888 N. Marine Corps Dr.,Star
Bldg.,Tamuning ⊗7:30～15:00 ⑭日曜
Ｊ Ｊ🍴

⬆地元のアーティストがグアムをテーマに
描いたアートが室内を彩る

ティナクタックバーガー ❖ $16
Tinaktak Burger

ハンバーガーコンテストで受賞
歴もあるお店の看板メニュー。
ビーフとココナッツミルクの相
性は抜群！

シーフードコンボB
Seafood Combo B
$79.95
ズワイガニ、エ
ビ、ムール貝など
10種類から好きな
食材4つを選べる

シーフード三昧を楽しめる
クラブ・ダディ
Club Daddy
ハガニア MAP 付録P.11 C-2

エビ、カニ、貝などの魚介類を豪
快に食べることで人気のレストラ
ン。ケイジャン、ガーリックなど
から好みのソースを選べる。アペ
タイザーや一品料理も豊富。

☎671-477-2722 🚙マリン・コア・ドラ
イブ沿い 🏠117 E Marine Corps Dr.,
Hagåtña, 96910 🕐11:00(金〜日曜
11:00〜)〜14:00、17:00〜20:30
無休 🅹🇯🍴🈁

1.ハガニア中心部でチャモ
ロビレッジから近い2.大勢
で盛り上がることができる
広い店内

海鮮の宝庫だからバリエーションも豊富!

絶品魚介が満喫できる
シーフードレストラン③店

鮮度抜群のロブスターやキングクラブなど、魚介はグアムの
必食メニュー。手づかみスタイルの店や、エビの専門店など、
多彩なスタイルのお店で海の幸を楽しもう!

シーフードナチョス
$14.95

クラッキン・キング・クラブ CRACKIN King Crab **$60**
キングクラブレッグなどをトマトベースのピ
リ辛ソースと絡めて、手づかみで食べる!

シーフードを豪快に手づかみで!
ナナズカフェ
Nana's Cafe
タモン MAP 付録P.10 B-3

海を眺めながら、繊細な味付けのシーフードが
楽しめるシーフード専門店。グアムでここだけ
のクラッキンクラブメニューがおすすめ。BBQ
レストランも併設している。

☎671-649-6262/671-649-7760 🚙タモンビーチ沿い 🏠152
Pale San Vitores Rd.,Tumon 🕐ランチ11:30〜14:00、ディ
ナー17:30〜21:00 🈳無休 🅹🇯🍴🈁

1.店の裏にはビーチが広がる2.エントランスのラウンジ
はマリンテイストのかわいらしい内装

好きな食材を好きな調理法で！

フィッシャーマンズ・コーブ
Fisherman's Cove

タモン MAP 付録P.7 D-1

その日獲れた魚介類が並ぶカウンターから食材・調理法・ソースを選べるシーフードマーケットが評判。迷ったら、スタッフにアドバイスしてもらおう。

☎671-646-1835 交Ħヒルトン グアム・リゾート＆スパ内 所 202 Hilton Rd. Tumon Bay,Tumaning
営18:00〜21:30 休無休 Ｊ Ｊ Ｃ ⊟

1.カジュアルで明るいダイニング 2.店内にずらりと並んだ魚介類から好みのものが選べる

カリフォルニア・チョッピーノ
California Cioppino
$50〜（2人前〜）
ホタテ、タイガーシュリンプ、ムール貝などの魚介をトマトブイヨンで煮込んだ海鮮シチュー

専門店でエビ料理を満喫
世界各国のエビ料理を提供する人気店で、ぷりぷりのエビを味わい尽くそう！

エビ好きは必食！

ビーチン・シュリンプ
Beachin' Shrimp

タモン MAP 付録P.10 B-3

グアムで3店舗展開するエビ料理専門店。新鮮なエビを、世界各国からインスパイアされた多彩なメニューで提供。大人から子どもまで楽しめる。

☎671-642-3224 交デュシットプレイス内 所
1255 Pale San Vitores Rd.,Tumon
10:00〜21:00 休無休 Ｊ Ｃ ⊟

1.テラス席も完備 2.店内にはエビのイラストがたくさん！ 3.ココナッツの衣で香ばしく揚げたエビフライ $19.99

117

ちょっとリッチな美食タイム!

ホテルのビュッフェレストランで、
いつもより少しゆったりとブランチを堪能!

多彩なお楽しみ!!
サンデーブランチ&
ビュッフェ ③ 店

⬆タモン湾にせり
出しているので絶
景が楽しめる

風光明媚でスタイリッシュな空間

アクア
Aqua
タモン MAP 付録P.10 B-3

大きな窓の外に壮大な海が迫る贅沢空
間で、ローカル料理やワールドワイド
な料理を堪能できる。パティシエによ
る多彩なスイーツも見逃せない。

☎671-648-8000 ❎デュシタニ グアム リゾート
内 🏠1227 Pale San Vitores Rd., Tumon
6:30～10:00、17:00～21:00、土曜のみ11:00
～14:00（サンデーブランチ11:00～14:00）❹無
休 ♪♫🎵🍴

**サンデー
ブランチ $60**
（日曜11:30～14:00）
豚の丸焼きやロー
ストビーフなどの
肉料理、パンや寿
司、麺類もある。

📍 ## サンデーブランチのキホン

日曜の朝食兼昼食。ホ
テルビュッフェは平日
よりメニューも豪華で、
ワインなどの飲み放題
もある。

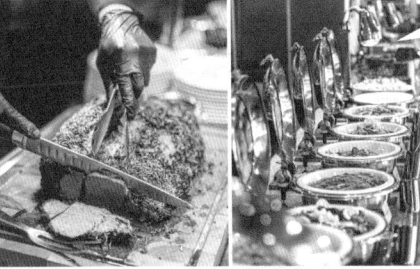

シェフのライブ料理を満喫
マゼラン
Magellan

タモン MAP 付録P.10 A-1

ビーチサイドガーデンを望むパノラマビューが楽しめるビュッフェレストラン。日本人シェフによる世界各国の料理が楽しめる。

☎671-649-8815 交ホテル・ニッコー・グアム内 所245 Gun Beach Rd.,Tamuning 営7:00～10:00 18:00～21:00 休月曜ディナー

インターナショナルブッフェディナー
$50+10% ※12歳以上（火～日曜18:00～21:00）
ビール、ワインなど飲み放題で、その場で切り分けるリブステーキのライブステーションと多彩なメニューが人気

↓朝食$38+10%（12歳以上）は種類豊富な自家製パンと洋食ビュッフェメニューに加え、日本食も用意している

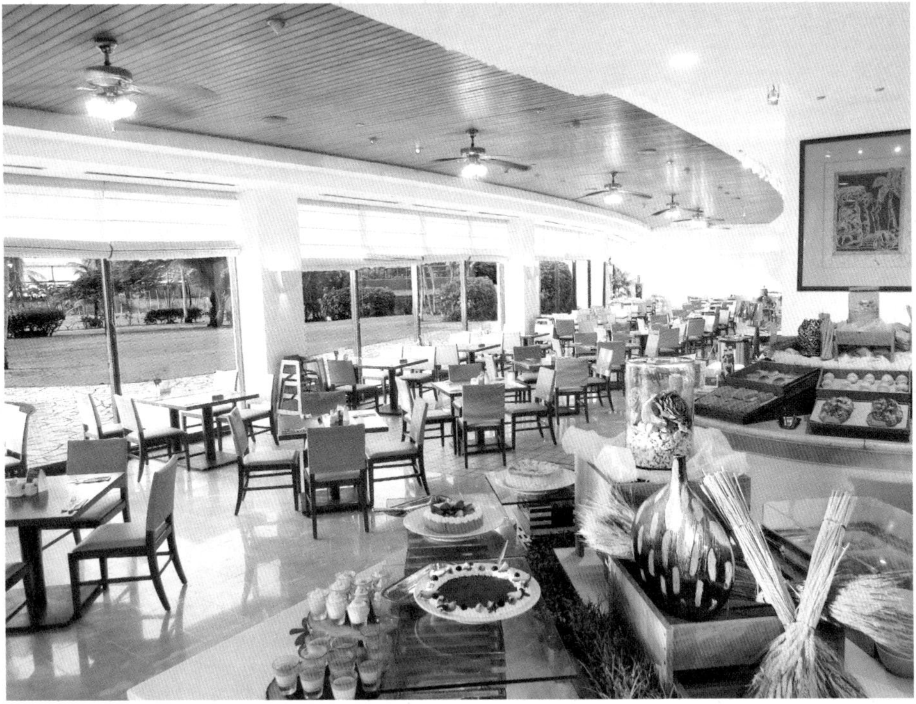

おしゃれなオープンキッチン
テイスト
Taste

タモン MAP 付録P.10 B-2

5ツ星ホテルが誇るメインレストラン。おしゃれな雰囲気のなかで、リッチな味わいの料理をビュッフェ形式で心ゆくまで堪能できる。

☎671-647-1020（ウェスティンリゾート・グアム）交ウェスティンリゾート・グアム内 所105 Gun Beach Rd., Tumon 営6:30～10:30、11:30～14:30、18:00～21:00（日曜6:30～10:00、11:00～21:00）休無休

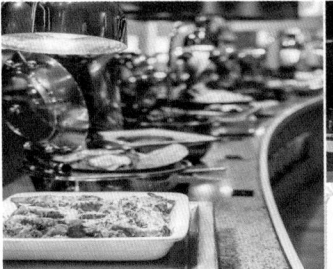

↑ふわふわのパンケーキもある

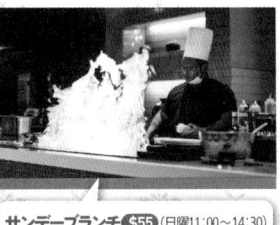

サンデーブランチ $55（日曜11:00～14:30）
肉料理、魚料理、鉄板焼、ローストビーフ、中華、麺類ほか。

ショッピング
グルメ
ホテル
歩いて楽しむ

多国籍なグアムで味わうスパイシーグルメ

本場レベルの**各国料理**⑤店

さまざまな地域の人が暮らすグアムでは、アメリカン料理だけでなく、腕利きシェフが作る本格的な多国籍料理にもぜひチャレンジしたい。

鉄串に刺した肉を回転させながら炭火でじっくり焼き上げるブラジルスタイルのBBQ

肉も野菜も食べ放題で大満足

シュラスコ・ブラジリアン・バーベキュー&サラダバー

Churrasco Brazilian BBQ & Salad Bar

タモン **MAP** 付録P9 D-3

鉄串に刺した肉を炭火で焼いたシュラスコを、食べ放題で思う存分食べられる。サラダやブラジル料理のサイドメニューも食べ放題なので、お腹をすかせて訪れたい。

☎671-649-2727 🚋🅷パシフィック・ベイ内
🏠1000 Pale San Vitores Rd.,Tumon
🕐18:00〜21:30 休月・火曜 🍷

↑温かな料理コーナーにはブラジル料理も登場。こちらも食べ放題で料金込み

ロディツィオ $62
Rodizio
リブアイ、チキン、ラムなど肉は10種類以上。テーブルに運んでカットしてくれる

↑料金込みのサラダバーは種類が豊富

↑サラダバーやお料理のブッフェが並ぶ店内

ジャークチキンケラグエン $12.95
Jerk Chicken Kelaguen
自慢のジャークスタイルでBBQしたチキンをケラグエンに。とまらないおいしさ

ジャークバーガー $14.95
Jerk Burger
スパイスの効いたダブルスタックのパティがジューシー

ジャークチキン&リブスコンボ $16.95
Jerk Chicken & Ribs Combo
香ばしいジャマイカンスタイルのBBQはハーブやスパイスを下味に使用

陽気なラテンは南国と好相性

ジャマイカン・グリル

Jamaican Grill

タモン **MAP** 付録P8 B-4

チャモロ料理やグアムスタイルのBBQ料理も評判だが、ジャマイカ料理の定番ジャークチキンが鉄板。漬け込まれたハーブやスパイスが、味に深みをもたらしている。

☎671-647-3000 🚋サン・ヴィトレス・ロード沿い 🏠288 Pale San Vitores Rd.,Tumon 🕐10:00〜21:00 休無休
🍷♪

↑ジャマイカンミュージックが合う

カルビ定食 $38
Beef Short Ribs
秘伝のタレに漬けて焼いたカルビはうなるおいしさ

充実した付け合わせを楽しみに訪れる客も多い

石焼ビビンバ $19
Bibimbap in Hot Stone Pot
ローカルにファンが多く、ご飯にのってるナムルが◎

在住韓国人も納得の味
ウリ・ジップ
Uri Jip
タムニング **MAP** 付録P.4 C-3

ブルコギ、サムゲタン、チゲなど韓国料理の定番が味わえ、在住韓国人からの評判も高い。サービスの小鉢（バンチャン）の種類が豊富なのもうれしいポイント。

☎671-647-3777 ⊗セレヌ・アヴェニュー沿い 砀 167 Serenu Ave.,Tamuning 10:00〜19:00 砀日曜 ▭

アルパン・ビーチ・クラブのほど近くに立つ

暑さにマッチするスパイシーさ
ソイ
Soi
タモン **MAP** 付録P.10 B-3

5ツ星ホテル内にあり、ラグジュアリーな空間とていねいなサービスが光る。タイの定番料理を上品にアレンジした料理は洗練された味わい。ボリュームもほどよい。

☎671-648-8000 ⊗Ħデュシタニ グアム リゾート内 砀1227 Pale San Vitores Rd.,Tumon ▧17:00〜21:00 砀無休 ▯ ▯🍷▭

↑シェアしてさまざまなメニューを楽しみたい

↑落ち着いた大人の空間。窓からタモン湾を望める

レッド・カレー Red Curry $28
ココナッツを使用したタイの定番カレー。メインは豚、鶏、牛、エビ、野菜の5種類から選べる

本場に負けない焼肉を満喫
世宗
Sejong
タモン **MAP** 付録P.7 F-2

焼肉を中心にビビンバや冷麺など多様なメニューを揃える。韓国で研鑽を積んだシェフが作るタレは、上質な肉の味わいをアップさせる。掘りごたつ付きの和室もある。

☎671-649-5556 ⊗マリン・コア・ドライブ沿い 砀S.Marine Corps Dr.,Tamuning ▧17:00〜21:00 砀土・日曜のランチ ▯▯🍷▭

骨付きカルビ $32
Marinated Beef Short Ribs
秘伝のタレに漬け込まれているジューシーなカルビ

冷麺 Cold Noodles in Soup
さっぱりした冷麺はシメにもヘルシーランチにも最適

$15

↑広々した店内には4つの個室も完備している

↑大通りから1本入った静かな場所で落ち着ける

ユッケ Fresh Raw Beef $23
店自慢のとろけるユッケは独自の味付けがたまらない

美容&健康に効果大!

ヘルシーグルメにこだわる③店

グアムで注目が高まる、ベジタリアン対応の
レストランや自然派の食材を使用するレストランなど、
体にやさしい食卓へご招待。

野菜たっぷりで体が喜ぶ
シンプリー・フード
Simply Food
ハガニア **MAP** 付録P.11 A-4

オーガニック商品専門店のカフェで、ヘルシーフードを提供。ベジタリアン対応なので、肉などは大豆ミートを使用している。味付けを工夫しているので、食べごたえは十分。

☎671-472-2382 ❿チャモロ・ヴィレッジバス停から徒歩22分 ⌂290 Chalan Palasyo, Agana Heights ❿レストラン11:00〜14:00、ショップ8:00〜17:30(金曜は〜15:00) ❿土・日曜 🚃

↻地元や旅行者のヴィーガンの人たちの人気スポット

↑ヴィーガン商品の販売もしている

ビヨンドバーガー $10.99
Beyond Burger
大豆のパテ、ヴィーガンチーズ、卵不使用のマヨネーズをサンド

➡動物性食品を使っていないパン$4.50〜

⇦濃厚なキャロットジュース$6.99(左)とソイクリームを使ったストロベリースムージー$6.99(右)

本当に健康的な食事が楽しめる

ボカ・ボックス
Boka Box
ハガニア **MAP** 付録P.11 A-2

栄養学を学んだオーナーによるサブスクミールサービスの実店舗。ダイエットや健康維持、糖尿病の予防・改善ほか、グルテンフリーのデザートなど目的別のヘルシーメニューが揃う。

☎671-922-2652 ❷ダブルソレダド通り沿い ⑰322 W Soledad Ave, Hagatna, 96910 ◷7:00～15:00(土曜～12:00) ❻日曜 🖿

オープンフライドチキン **$13.99**
The O.F.C
揚げずにオーブンでフライにしたチキン。付け合わせは5種類から選べる。写真はローストポテト

⟵落ち着いた雰囲気の店内。海が見える席でも食事が楽しめる

⟵ボリューム満点のビッグアスサラダ $13.99

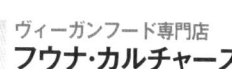

ホームメイドバーガー **$16.50**
Homemade Burger
ブラックビーンズのパテとヴィーガンチーズを使ったハンバーガー

ヴィーガンフード専門店

フウナ・カルチャーズ
Fu'una Cultures
ハガニア **MAP** 付録P.11 B-2

100%植物由来の材料を使い、おいしい料理とスイーツを提供するヴィーガンフードのテイクアウト店。日替わり弁当ボックスは事前注文する人が多く、早めに行くのがベター。

☎671-969-8011 ❷チャモロ・ヴィレッジバス停から徒歩6分 ⑰230 W Soledad Ave Unit 104, Hagåtña, 96910 ◷11:00～15:00 ❻土・日曜 🖿

⟵場所はチャモロビレッジから徒歩圏内

⟵新鮮な野菜がたっぷり。ゴートレスチーズサラダ $14.85

⟵ヘルシーなのに美味。エッグレスサラダサンドイッチ $6.75

カラフルなビジュアルに心ときめく!

かわいくておいしい!
進化系ひんやりスイーツ 6 店

南国のスイーツタイムはこれで決まり! 定番スイーツが
華やかに進化した最旬スイーツをたっぷりご紹介!

F $13.95
マカロンクイーン
マンゴー、バタフライ
ピー、メロン、イチゴ
などの5層

B 各$8.95
マカロンアイスクリーム
直径10㎝以上の特大
マカロンでアイスク
リームをサンドした
新感覚スイーツ

A $8.98
スノーアイスタロ
ココナッツとアーモン
ドがのって南国らしい
おいしさに

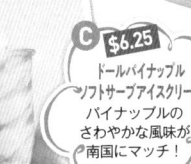

F $13.95
マカロンキング
チョコレート、ミルク、
ミルクティーなど5層
のかき氷

C $6.25
ドールパイナップル
ソフトサーブアイスクリーム
パイナップルの
さわやかな風味が
南国にマッチ!

A $15.98
トリプルジョイ
好きなフレーバーを
3つ選べるうれしい
セット

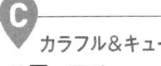

A ふわふわ食感のかき氷

スノーベリー・デザート・カフェ
Snowberry Dessert Cafe
タモン **MAP** 付録P8 B-4

口の中でふわっと溶けるスノーア
イス。フレーバーの種類は数多く、
サイズも4種類から選べる。
☎671-648-8866 ✈サン・ヴィトレス・
ロード沿い 🏠210 Pale San Vitores
Rd., Tumon ⏰12:00(日曜13:00)～
22:00 休無休 💳

B フランス仕込みのスイーツ

パティスリー・パリスコ
Patisserie PariSco
タムニング **MAP** 付録P6 B-2

フランス人パティシエが作るス
イーツはどれもアートのような美
しさと、とろけるようなおいしさ。
☎671-646-0099 ✈グアム・プレミア・
アウトレットから徒歩20分 🏠285
Farenholt Ave. c307,Tamuning
⏰7:00～18:00(日曜8:00～17:00)

C カラフル&キュートなかき氷

ハファロハ
Hafaloha
タモン **MAP** 付録P9 D-3

かき氷のシロップは40種類以上。
その他、ソフトクリーム、アサ
イーボウルなどスイーツが充実。
☎671-989-3444 ✈タモン地区ブルー
ラグーン 🏠lue Lagoon Plaza, 955
Pale San Vitores Rd., Tumon
⏰11:00～21:00(金・土曜は～22:00)
休無休 💳

チャモロの伝統スイーツ

チョデ・マート
Chode's Mart

ハガニア周辺 MAP 付録P4 A-4

家族で営む小さなストアに、朝から多くの手作りフードやスナックが並ぶ。お手ごろプライスがうれしい。

☎671-477-1524 ◉タモンから車で20分 🏠125.9th St.,Hagatna ⏰6:30～17:30（日曜は～15:00）休無休 🍴

●毎日多くのローカルが訪れる

●パンの実を混ぜ焼き上げたティティーザスは必食

●レモン・塩・ココナッツで味付けしたチキンが包まれた島の伝統料理

$3.99

$2.95

C $8.50
シェイブドアイス ネニレインボー
写真映えもばっちり！レインボーカラーのおすすめかき氷

D $6.50
バタフライピーフラワー・ハニーレモンジュース
目にも涼やかなドリンクは、暑い日の水分補給におすすめ

A $8.98
スノーアイスマンゴー
ミルキーなふわふわかき氷にマンゴーの甘さをプラス

D $7
マンゴースノーアイス
ぷるんぷるんのタピオカとマンゴーが相性ぴったり！

D $5.50
タピオカミルクティー
ミルクティーにもっちり食感のタピオカは外せない名コンビ

E $6
ワッフルコーンアイスクリーム
アイスクリームにチョコやキャンディなどをかわいくトッピング

D
台湾スイーツの老舗ショップ
タピオカ・カフェ
Tapioca Café

タムニング MAP 付録P6 C-3

豆花、バタフライピーティーなどユニークなアジアンスイーツを楽しめる。ドリンクは種類が豊富。

☎989-6686 ◉チャラン・サン・アントニオ沿い 🏠274 Chalan San Antonio, Tamuning ⏰11:00～20:00 休無休 🍴

E
写真映えスイーツが充実
スノー・モンスター
Snow Monster

タモン MAP 付録P9 D-3

ドリンク、アイスクリーム、綿菓子などルックスよしのスイーツばかり。トッピング($0.50～)選びも楽しい。

☎671-649-2253 ◉サン・ヴィトレス・ロード沿い 🏠1051 Pale San Vitores Rd.,Tumon ⏰11:00(日曜12:00)～22:00 休無休 🍴

F
魅惑のアジアンスイーツ！
アイス・ウナ
ICE UNA

タモン MAP 付録P7 E-2

インパクト大のかわいさで人気の台湾スノーアイスはじめ、アジアの個性的なスイーツが楽しめる。

☎671-989-6889 ◉サン・ヴィトレス・ロード沿い 🏠576 Pale San Vitores Rd., Suite 103, Tamuning ⏰12:00～22:00 休無休 🍴

ショッピング

グルメ

ホテル

歩いて楽しむ

125

焼きたてパンの香りに包まれる幸せ時間

毎朝たくさんのパンやペストリーが焼かれ地元客で賑わう

毎日通いたくなる こだわり ベーカリー **4** 店

ローカル御用達の人気のベーカリーには、飽きのこないシンプルなパンから、グアムらしい甘〜いパンまで、おいしいパンがいっぱい！

地元客に愛される老舗ベーカリー
メインストリート・デリカッセン＆ベーカリー

MainStreet Delicatessen & Bakery
ハガニア **MAP** 付録P.11 A-2

パンのほかにも焼き菓子やサンドイッチ、淹れたてコーヒーも楽しめる、家族で営む歴史あるベーカリー。営業は平日のみで、地元のサラリーマンや学生御用達の人気店だ。

☎671-479-3354 ✪チャモロ・ヴィレッジバス停から徒歩5分 🏠130 Hernan Cortez Ave.,Hagatna ⏰6:00〜13:00 休土・火曜 💳

→グアム・ミュージアム（→ P.148）より徒歩3分の場所にある

▶ **クリームチーズロール**
ふんわり焼き上げたパンとクリームチーズの甘酸っぱさが絶品
$3

▶ **ブラウニー**
カップケーキ型のブラウニーは甘さ控えめ。m&mのチョコのトッピングがかわいい
$2.75

パンのほかホールケーキも販売
アメリカン・ベーカリー

American Bakery
デデド **MAP** 付録P.9 F-1

店内奥にあるキッチンで、甘い系から惣菜系まで、毎朝フレッシュなパンを焼き上げている。モール内のベーカリーなので、ショッピングの合間のおやつにも最適だ。

☎671-633-8882 ✪マイクロネシア・モール内 🏠1088 W.Marine Corps Dr.,Dededo ⏰10:00〜21:00（日曜10:00〜20:00）休無休 💳

→モール内2階コンコース3に位置

日本では見かけない種類のパンがたくさん揃っている

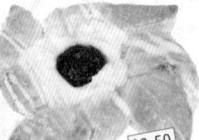
▶ **ブルーベリーデニッシュ**
デニッシュの上にはさわやかな甘さのブルーベリージャム
$2.50

▶ **スターロール**
素材の味を生かしたシンプルな味がクセになる
1個 $0.60

タムニングの人々の行きつけ
エリート・ベーカリー

Elite Bakery
タムニング **MAP** 付録P.6 C-3

長年にわたり、タムニングで親しまれているパン屋さん。早朝は朝食用のパン、通勤時間はサンドイッチ、午後からは菓子パンやクッキーなどが人気。誕生日のケーキも好評だ。

☎671-646-4127 ✪チャラン・サン・アントニオ沿い 🏠306 Chalan San Antonio,Tamuning ⏰6:30〜19:00 休無休

しっとりした食パンもおすすめ！

→グアム・プレミア・アウトレットからほど近い

▶ **アップルターンオーバー**
グアムの子どもたちにおなじみのアップルパイ
$2.50

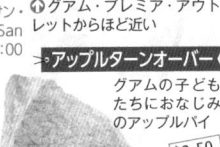

▶ **ボルボロン** $1.50
口の中でホロホロと崩れるソフトクッキー

▶ **アーモンドツイスト**
アーモンドの香りとパイのサクサク食感を楽しめる
$2.25

小さな店内では、パンのほか、肉まんも販売している

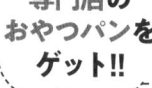

↑イートインスペースもありカフェタイムが楽しめる

▶ ココナッツマカロン
ココナッツやチョコの濃厚さが味わえるオリジナルマカロン

$1.75

▶ ドーナツ
通称チャモロドーナツとも呼ばれる素朴な味わいのドーナツ

$1.25

▶ クッキー
毎日店で焼かれるクッキーは一枚が大きい。種類は日によってさまざま

各 $1.75

もっちり生地のプレッツェル
プレッツェル・メーカー
Pretzel Maker
デデド MAP 付録P.9 F-1

もっちりとした食感で食べごたえのあるプレッツェル。ソーセージが入ったものなど種類はいろいろ。

☎ 671-633-6698 ⊗マイクロネシア・モール内 ㊏1088 Marine Corps Dr.,Dededo ⊕10:00〜21:00(日曜〜20:00) ⊗無休 ▭

↑キャラメルナッツ プレッツェル $5.40。焼きたてを味わえる(左)。食べやすい一口サイズのパルメザン・プレッツェル・バイト $7.50〜(右)

甘〜いシナモンロールは必食
シナボン
Cinnabon
デデド MAP 付録P.9 F-1

大きくて甘いシナモンロールが人気。甘さ控えめで手軽に食べられるスティックタイプもある。

☎671-633-2667 ⊗マイクロネシア・モール内 ㊏1088 Marine Corps Dr.,Dededo ⊕10:00〜21:00(日曜〜20:00) ⊗無休 ▭

自慢のパンを食べにぜひ立ち寄ってね!

長年愛される老舗パン屋
クラウンベーカリー
Crown Bakery
グアム中央部 MAP 付録P.5 D-4

朝食用のパンから菓子パン、クッキー、パーティー用の大きなデコレーションケーキまで40年以上にわたり愛され続けているパン屋。名物メニューはホットドーナツ。

☎671-734-4826 ⊗タモンから車で20分 ㊏121 Route 10 (Vietnam Veterans Memorial Hwy.),Barrigada ⊕6:00〜20:00 ⊗無休 ▭

←店前の道路も駐車場も一方通行なので車で行く場合は注意

▶ スパニッシュロール
バターと砂糖をたっぷり使ったグアムで人気の菓子パン

$4.75(6個入)

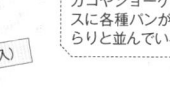

カゴやショーケースに各種パンがずらりと並んでいる

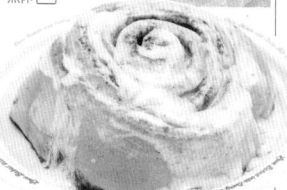

↑直径10cm以上あるビッグサイズのシナボンクラシック $6

手軽に味わえるボリューム満点の本格メニュー

③店のグルメなテイクアウト

海を眺めながら、買い物の途中に、朝ごはん代わりに…さまざまなシーンで活躍するテイクアウトグルメ。専門店から地元御用達の人気店までご紹介!

ランチタイムは行列ができることも多いヘビー・ヒッター

メニューのボリュームは重量級

A ヘビー・ヒッター
Heavy Hitters

タモン **MAP** 付録P9 D-3

有名なフードトラック "FAT BOY Slim" の初店舗。ボリューム満点のBBQやチャモロ料理がローカルにも大人気。

☎671-686-4387 ⊗サン・ヴィトレス・ロード沿い ⑰144 Fujita Rd.,Ste 101,Tamuning ⏰11:00～21:00 ㊡なし

SNS映えのピンクの壁で有名なビルにオープン

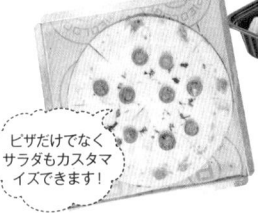

A チャモロプレート
Chamorro Plate

ショートリブ、チキン、ケラグエン、ソーセージが添えられ、ボリュームたっぷり。$27

シェアして楽しむのもオススメ!!

A SBQスペシャルトップセラー
SBQ Special Top Seller

マカロニ、チキン、チキンケラグエンの組み合わせは人気No.1。$18

C チョップチーズフライ
Chopped Cheese Fries

サーロインパテやオニオン、トマトなどをフライにのせたメニュー。$14

B マルゲリータ
Margherita Da Vinci

薄めの生地にモッツァレラとパルメザンチーズをのせたシンプルピザ$14.99

C ウェイク&スマッシュ
Wake & Smash

マフィン、ベーコン、エッグ、ブレックファストパテのセット$12.00

B シーザーサラダ
Caesar Salad

店特製のシグネチャーサラダ$11.49。大きめクルトンとチーズがおいしい

ピザだけでなくサラダもカスタマイズできます!

バンズ使用のサンドも!

オリジナルピザを作ってみよう

B パイオロジー
Pieology Pizzeria

タムニング **MAP** 付録P6 C-3

人気のピザレストラン。生地、ソース、肉やチーズ、野菜などの具材を自由に組み合わせられる。

☎671-969-9224 ⊗チャラン・サン・アントニオ沿い ⑰341 Chalan San Antonio,Ste. 205,Tamuning ⏰11:00～21:00 ㊡無休 🍴

↑店内ではピザ窯を見ることができる

C サヴェージ・サンドイッチ
Savage Sandwich Co

タモン **MAP** 付録P10 B-4

日本風やベトナム風など世界のサンドや、豊富なフライドポテトメニューが楽しめる。

☎671-989-7843 ⊗サン・ヴィトレス・ロード沿い ⑰1160 Pale san Vitores RD#101 Tamuning,96913 ⏰7:30～21:00(金・土曜は～23:00) ㊡なし 🍴

↑壁のグラフィティアートなど、カラフルでポップな店内

STAY AT THE RELAXING HOTEL

ホテル

朝日と夕日を浴びるホテルへ

Contents

キーワードは非日常性!

極上のリゾートホテルにステイ

旅の充実度はここで決まるといってもいいほど重要なホテル選び。
日常を忘れ、南の島を思いっきり満喫できる一流ホテルをご紹介します。

モダン空間に満ちる
極上のホスピタリティ

タモン湾にたたずむ5ツ星ホテル
デュシタニ グアム リゾート
Dusit Thani Guam Resort

タモン **MAP** 付録P.10 B-3

2015年、グアムに16年ぶりに誕生した新しいホテル。5ツ星ホテルで、タイの伝統的な調度品とモダンなインテリアが融合した究極の癒やし空間が実現。プライベートプール付きのヴィラも人気で、アートに囲まれた3ベッドルームのヴィラ・アズールはラグジュアリー感満載。

☎671-648-8000 ⊗サン・ヴィトレス・ロード沿い 働1227 Pale San Vitores Rd., Tumon 働①$340〜 客数421 ⊕www.dusit.com/dusitthani/guamresort/ja/ ❹▭

1.タモン湾にたたずむグアム最高層の30階建て 2.海へと視線が抜ける開放感あふれるロビー 3.ガラス張りのサンセットラウンジ 4.美しさが際立つタモン湾のサンセット

5.目の前に海が
広がるくつろぎの
プール
6.広々とした1
ベッドルームオー
シャンフロント
ヴィラ
7.独立したリビ
ングとテラスの付
いたエグゼクティ
ブスイート

8.客室でタイのテラワン・スパが楽し
めるヴィラ・アズールのバスルーム
9.880㎡のヴィラ・アズールのラグジュ
アリーなリビングルーム
10.プライベートダイニングが設置さ
れたヴィラ・アズールのデッキ

すべての部屋から海が見える

ハイアット・リージェンシー・グアム

Hyatt Regency Guam

タモン **MAP** 付録P.10 B-4

タモン湾のビーチに面して立つ、全室オーシャンビューのホテル。ベーシックタイプでも44㎡という、ゆったりした客室や開放的なプールも人気。空港やハガニアにも近い好立地も魅力的。

☎671-647-1234 ⊗サン・ヴィトレス・ロード沿い ⊕1155 Pale San Vitores Rd., Tumon ㋹①$280〜 客室数450 ⊕www.hyatt.com

日本での予約先 0120-82-9723 ♪▭

真っ白なビーチが広がる　上質のリゾートホテル

1.ウォータースライダーもある広々としたプール　2.バルコニーの向こうに広がる白砂のビーチ　3.全室シャワーブースとバスタブ付き　4.自家製パスタやピザが味わえる「アルデンテ」　5.ラウンジアクセス付きのリージェンシークラブツイン

三拍子揃ったリゾート

グアムを満喫できる

1

絶好の立地を誇る人気ホテル
デュシット・ビーチ・リゾート・グアム
Dusit Beach Resort Guam

タモン **MAP** 付録P.10 B-3

ビーチフロントの眺望とショッピング、グルメもすべてダイレクトに満喫できる絶好の立地が人気のホテル。クラブフロアの利用で、絶景ラウンジをはじめ多彩な特典が満載に。

☎671-649-9000 ⊗サン・ヴィトレス・ロード沿い⛩1255 Pale San Vitores Rd., Tumon 料⊤ $360〜 客数600
HP w w w . d u s i t . c o m / d u s i t b e a c h - resortguam/ja/ 日本での予約先 03-4588- 6441 Ⓙ🈳

1.窓の向こうに海が広がるオーシャンフロント
2.海を見渡せるクラブラウンジ 3.子供用プールのスプラッシュパッド 4.デュシット・プレイスやビーチと直結した立地は魅力的

2

3

4

1
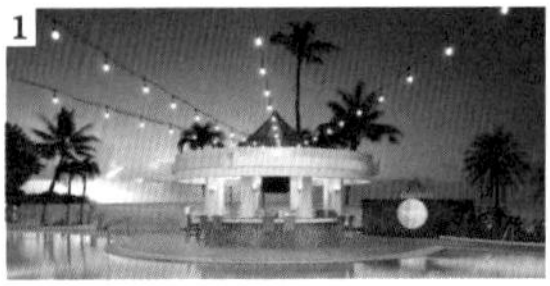
2
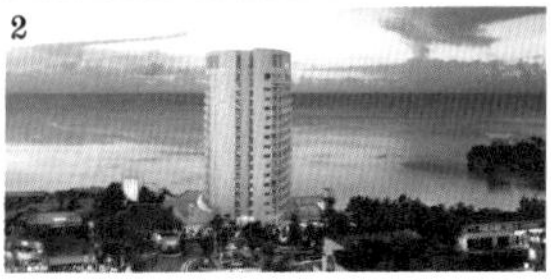
3
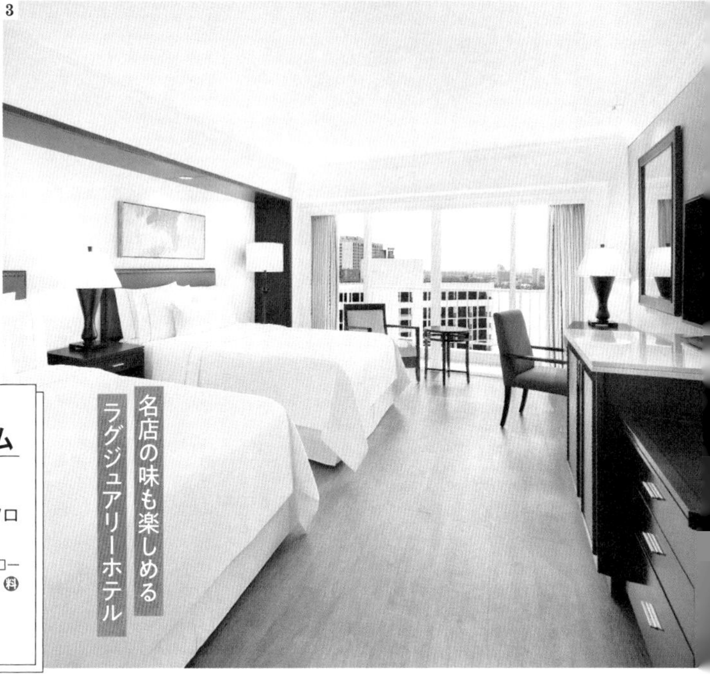

名店の味も楽しめるラグジュアリーホテル

1.夜はナイトプールで過ごすのもおすすめ 2.タモンビーチ近くにありながら、買い物に便利なタモンの中心に位置する 3.最高の寝心地といわれるヘブンリーベッドを全室に設置

ヘブンリーベッドが大人気

ウェスティンリゾート・グアム

The Westin Resort Guam

タモン MAP 付録P.10 B-2

タモンの中心にほど近い、ビーチフロントの豪華なブランドホテル。

☎671-647-1020 交 サン・ヴィトレス・ロード沿い 所 105 Gun Beach Rd., Tumon 料 Ⓣ$450～ 室数 430
HP www.marriott.com/gumwi
日本での予約先 0120-92-5956 J

1

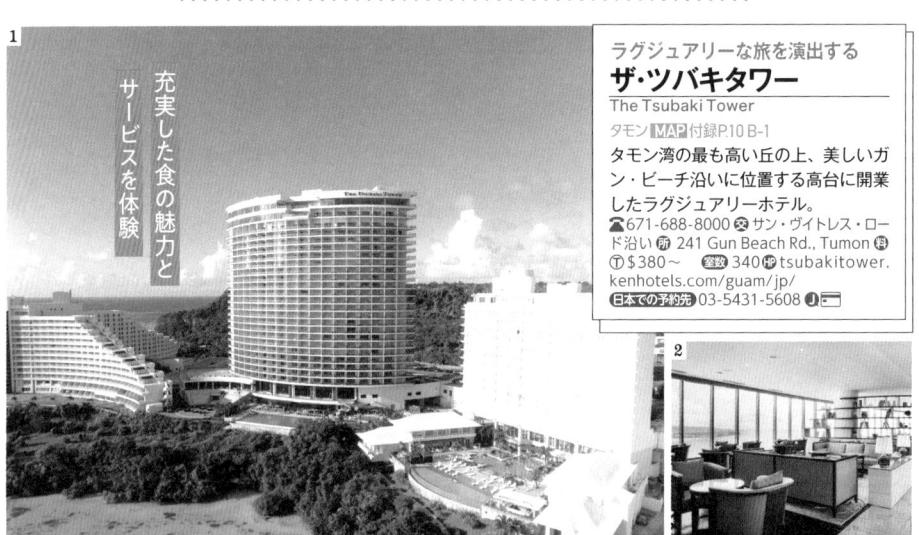

充実した食の魅力とサービスを体験

ラグジュアリーな旅を演出する

ザ・ツバキタワー

The Tsubaki Tower

タモン MAP 付録P.10 B-1

タモン湾の最も高い丘の上、美しいガン・ビーチ沿いに位置する高台に開業したラグジュアリーホテル。

☎671-688-8000 交 サン・ヴィトレス・ロード沿い 所 241 Gun Beach Rd., Tumon 料 Ⓣ$380～ 室数 340 HP tsubakitower.kenhotels.com/guam/jp/
日本での予約先 03-5431-5608 J

2

1.タモン湾沿いの高台に建つ27階建て。全室から絶景を楽しめる 2.26階のリナララウンジは限られた宿泊客だけの専用ラウンジ

 Photo by Mike Arty

幅広い世代から人気のホテル
ヒルトン グアム・リゾート&スパ
Hilton Guam Resort & Spa
タモン **MAP** 付録P.7 D-1

3つのタワーに、客室、レストラン、アクティビティの充実した設備が満載。
☎671-646-1835 ⊗サン・ヴィトレス・ロード沿い 🏠202 Hilton Rd. Tumon Bay,Tamuning
🛏⑦\$250+tax～ 客室数646
🅟 www.hilton-guam.com
日本での予約先 03-6741-7090 Ⓙ🖨

1.5種類揃ったプールとお魚がいっぱいのビーチが人気　2.非日常感が味わえるザ・タシサービスとラウンジ　3.贅沢な眺望と広さを誇るプレミアオーシャンビュー

美しい自然に囲まれた充実の滞在型リゾート

リゾート感あふれる充実の滞在
リーガロイヤル・ラグーナ・グアム・リゾート
RIHGA Royal Laguna Guam Resort
タムニング **MAP** 付録P.7 A-2

オーシャンビューの全客室にこだわりのアメニティとバスローブを用意。
☎671-646-2222 ⊗ファーレンホルト・アベニュー沿い 🏠470 Fahrenholt Avenue, Tamuning 🛏⑦\$135～ 客室数1039 🅟
https://jp.rihga-guam.com/ 日本での予約先
0120-116186 Ⓙ🖨

静かな立地で過ごす贅沢な休日

1.パンやスイーツを楽しめるベーカリーカフェ、ザ パナデリア
2.高層階限定でクラブラウンジアクセス付きのクラブルーム

広々プールでアクティブに遊ぼう

ファミリーにうれしいホテル

プールやアクティビティが充実しているから、子ども連れにはもちろん
仲間でワイワイ楽しむのにもぴったり。ホテルで一日楽しめます。

充実したアクティビティが魅力
星野リゾート
リゾナーレグアム

Hoshino Resorts Risonare Guam

タモン **MAP** 付録P6 B-3

美しいハガニア湾に面し、ミクロネシア最大級のウォーターパークを備える。チャモロの文化にふれられる体験メニューや、海のアクティビティも豊富。

☎671-647-7777 ◎ガバナー・カルロス G.カマチョ・ロード沿い ⑩445 Governor Carlos G.Camacho Rd.,Tamuning ⑪$195〜 ⑫428 ⑯ hoshinoresorts.com/ja/hotels/risonareguam/ 日本での予約先 なし
♪▭

1.静かなハガニア湾の眺望と自然に囲まれたホテル
2.タワー棟の客室にはオーシャンビューのバスルーム、2ベッドルームを備え家族旅行にもぴったり

1

ハガニア湾の自然と
グアムらしさを満喫

2

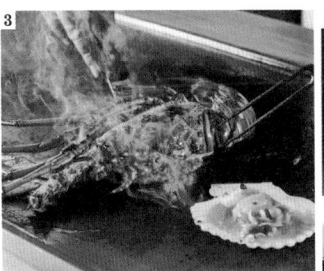

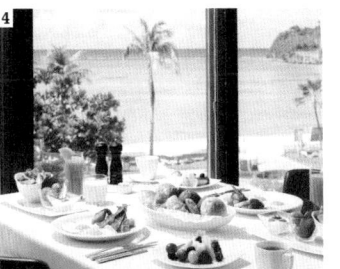

3.日本料理の嵯峨野では、肉や新鮮な魚介の鉄板焼きメニューも味わえる
4.ハガニア湾を見渡すル・プルミエで贅沢なビュッフェ朝食を楽しみたい
5.プールやビーチでは数種類のゲームが楽しめるクラブマンタを毎日開催
6.初心者でも気軽に海上散歩が体験できるSUPなどアクティビティも充実
7.湾が赤く染まるサンセット。火・木・日の夕暮れには海辺のパーティも
8.波のプールやスライダーが揃う広大なウォーターパークで存分に遊ぼう

3

4

5

6

7

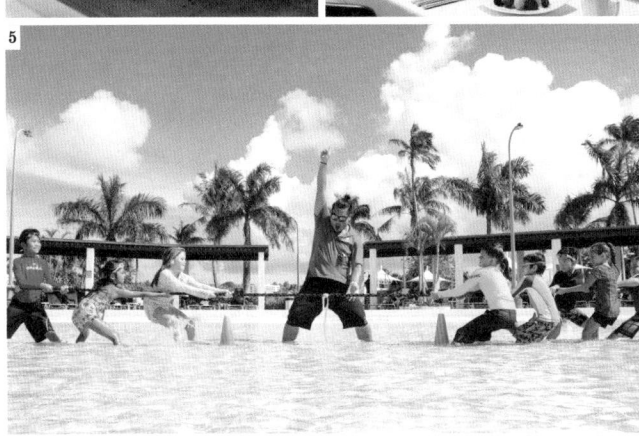

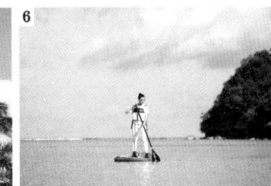

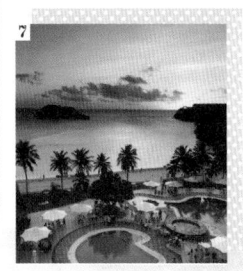

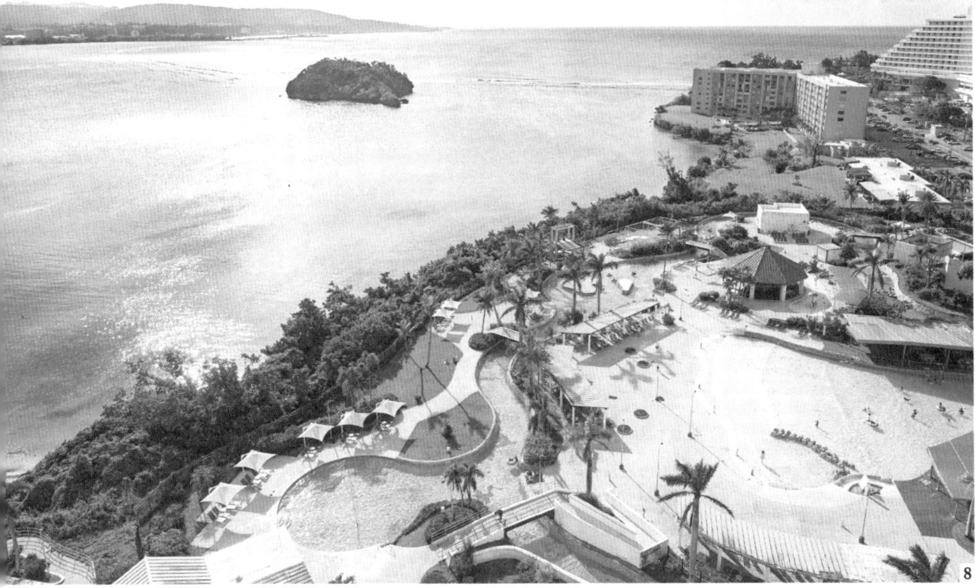
8

1

青い海に囲まれた
細やかな日系ホテル

赤ちゃん連れに安心の設備
ホテル・ニッコー・グアム
Hotel Nikko Guam

タモン **MAP** 付録P.10 A-1

タモン湾の北に位置し、全室海が目の前に広がるオーシャンフロントの大型リゾートホテル。大きなプールにはスリル満点のウォータースライダーも人気。宿泊者用にオムツ替えスペースのある授乳室も完備。

☎671-649-8815 ⊗サン・ヴィトレス・ロード沿い ㊞245 Gun Beach Rd.,Tamuning
㊧⊤$345〜 室数470 ㏋www. nikkoguam. com 日本での予約先0120-00-3741 Ⓙ▢

2

3

4  5

6

1.開放的な海とビーチに囲まれたホテル
2.11階以上のオーシャンフロントプレミアルームはプレミアラウンジのアクセス付
3.プレミアラウンジではカジュアル朝食と夕方のカクテルタイムでワンランク上の滞在を 4.子供用プール、キッズプレイグラウンド。雨天時も安心のキッズプレイルームも完備 5.全長72mの迫力あるウォータースライダー 6.和洋中のメニューで種類豊富なビュッフェが楽しめる「マゼラン」

コネクティングルームも多数

パシフィック・アイランド・クラブ・グアム

Pacific Islands Club Guam

タモン **MAP**付録P.7 E-1

アクティビティ施設が充実した総合スポーツリゾートとして知られるホテル。グアム最大規模を誇る777室を有し、3つの宿泊棟で合計123組のコネクティングルームも用意されている。

☎671-646-9171 🚗サン・ヴィトレス・ロード沿い 🏠210 Pale San Vitores Rd., Tumon 🛏①$300〜 室数 777 📱pic. kenhotels.com/guam/ 日本での予約先 03-5413-5934 ♩

陸上からビーチまで充実のアクティビティ

1.カヤックも体験できる広々としたラグーン
2.クッションが敷かれたシッキープレイハウス
3.小さな子連れ用シッキールームは気配り万全
4.水深30cmのシッキースプラッシュプール
5.ロイヤルクラブエグゼクティブスイート

大人数で泊まるならコンドミニアムもアリ!

家電も揃ったコンドミニアムは、大人数での宿泊や長期滞在にピッタリ! 我が家のようにくつろげます。

生活するようにゆったり過ごせる

遊びも癒やしも充実の設備

レオパレスリゾートグアム

Leopalace Resort Guam

グアム中央部 **MAP**付録P.3 D-3

広大な丘の上に広がる大規模リゾートホテル。ホテルタイプの客室から1〜3ベッドルームのコンドミニアムまで用意され、長期滞在や大家族にぴったり。

☎671-471-0001 🚗空港から車で30分 🏠221 Lake View Dr., Yona 🛏①$126〜 室数 565📱www.leopalaceresort.com 日本での予約先 なし ♩

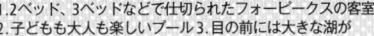

1.2ベッド、3ベッドなどで仕切られたフォーピークスの客室
2.子どもも大人も楽しいプール 3.目の前には大きな湖が

ロケーションで選ぶならここ
タモンのおすすめホテル

あれこれ楽しみたいアクティブ派なら、やっぱり賑やかなタモンに
泊まりたい。お買い物にも海遊びにも便利なホテルはこちらです。

和洋折衷のスイートも好評
グアムリーフホテル
Guam Reef Hotel

タモン **MAP** 付録P10 B-2

海に流れ込むようなインフィニティプールは、グアムでいちばん夕日がきれいと評判。

☎671-646-6881 ⊗サン・ヴィトレス・ロード沿い 🏠1317 Pale San Vitores Rd., Tamuning 料T $350〜 客数426
🌐www.guamreef.com 🎵📧

海を見晴らす眺望とロケーションが人気

1.タモンの中心地に立つ絶好のロケーション　2.布団も敷けるジャパニーズスイートオーシャンフロント　3.ベーカリーショップもあるロビーラウンジ　4.絶景のインフィニティプール
5.開放的なオーシャンフロントスイート

快適なシティホテル

人気の施設を併設した

最高の立地と快適な滞在が魅力
グアムプラザリゾート
Guam Plaza Resort

タモン **MAP** 付録P10 C-3

大型セレクトショップや人気のステーキハウスもロビーから直結。ビーチまで徒歩5分で、リピーターも多い。

☎671-646-7803 ⊗サン・ヴィトレス・ロード沿い 🏠1328 Pale San Vitores Rd., Tumon 料T $155〜 客数501
🌐www.guamplaza.com 🎵📧

1.敷地内にはプールのほか多彩な施設が集まる
2.宿泊者が無料で使えるフィットネスセンター
3.デラックスツインとデラックスキングも用意

広い客室で快適な滞在を追求
ロッテホテル グアム
LotteHotel Guam

タモン **MAP** 付録P10 B-1

ビーチフロントのラグジュアリーホテル。全室快適なシモンズベッドを使用。

☎671-646-6811 ⊗サン・ヴィトレス・ロード沿い 🏠185 Gun Beach Rd.,Tamuning
料T $430〜 客数222
🌐www.lottehotel.com/guam/ja/
🎵📧

スタイリッシュで優雅な5ツ星ホテル

1.タモンを一望するオーシャンフロントデラックス
2.眺望抜群のビュッフェレストラン「ラ・セーヌ」
3.デザインも美しいインフィニティプール

歩いて楽しむ

3つのメインエリアを歩く

Contents

高級リゾートホテルが数多く並ぶホテル・ロード

ここでは貪欲に遊んでみるのがいい

タモン
Tumon

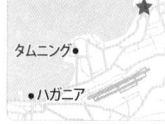

タムニング

ハガニア

★

素敵なホテルではリゾート気分に浸り、ショップやレストランを巡り、ナイトショーにも満足。美しいビーチでも遊べるタモンの街は、ワクワクでいっぱいだ。

MAP 付録P.7〜10

⬆タモン・ビーチでは美しいサンセットも楽しみたい

身も心も満たしてくれる施設が充実
どんなにあっても足りない時間

　グアムの楽しみがぎっしり詰まった、観光の拠点として知られるタモン。リゾートホテルが並び立つ"ホテル・ロード"とも呼ばれるサン・ヴィトレス・ロードを中心に、人気のショップやレストラン、さまざまなタイプのエンターテインメントスポット、充実したナイトライフを堪能できる施設が集中する。さらにタモン湾には、シュノーケリングに最適なガン・ビーチをはじめ、白い砂浜と海と空の青とが美しいコントラストを見せるタモン・ビーチ、透明感が印象的なイパオ・ビーチなど、海遊びも存分に楽しめる。このエリアで見逃せないのは、ショーが楽しめるサンド・キャッスルからTギャラリアグアムにかけて広がる「プレジャー・アイランド」で、ホテルからショップ、レストラン、水族館などが待ち受けている。

⬆タモン湾に面してリゾートホテルが立つ（上）。グアム随一の繁華街（下）

アクセスと交通

タモン内のほぼすべてのホテルとショッピングセンターを結ぶシャトルバスが、およそ9〜22時の間で運行している。

タムニング ◀

地元民が目立つ。政府観光局も近い

Ｈヒルトン グアム・リゾート＆スパ P.135
🏊イパオ・ビーチ P.37/P.57

● イパオ・ビーチ・パーク

14

サン・ヴィトレス・ロード
（ホテル・ロード）

N

0　　200m

P.53/P.64 ザ・ビーチ A

P.139 ホテル・ニッコー・グアム H

P.134 ザ・ツバキ タワー H

P.140 ロッテホテル グアム H

Gun Beach Rd.

↑ホテル・ロードに沿うように真っ白なビーチが延びる

プレジャー・アイランド
Pleasure Island
Tギャラリア グアム by DFS からサンド・キャッスル周辺に広がるタモンの中心エリアで、多くの人で賑わう

H ウェスティン リゾート・グアム P.134

H グアムリーフ ホテル P.37/P.140

P.140 グアムプラザ リゾート

タイブランドの高級ホテル。洗練されたレストランが揃い、景観も最高

デュシット・ビーチ・リゾート・グアム H
P.133
デュシット・プレイス P.91

JPスーパーストア

みやげ物が充実の巨大セレクトショップ

P.57 タモン・ビーチ ●
デュシタニビーチグアム リゾート H
P.130

H Tギャラリア グアム by DFS P.84

タモン湾

P.132 ハイアット・リージェンシー・グアム H
タモン

● サンド・キャッスル・カレラ P.61

世界の高級ブランドが免税価格で買える。主要ホテルからはシャトルも

インスタスポットとして話題。ピンクの建物の前で記念撮影しよう

14

Pale San Vitores Rd.

ディナーショーなどが楽しめる白亜の建物と併設の巨大なクラブで遊ぶ

P.37 タモン・トレードセンター ●

● タモン・サンズ・プラザ

交番 ⊗

H グランド・プラザ

高級ブランドが揃うショッピングモール

リゾートホテル「PIC」にはグアム最大級のウォーターパークがあり人気

P.57 マタパン・ビーチ ↑

H ホリデイ・リゾート＆スパグアム
アカンタ・モール P.37

サン・ヴィトレス・ロード（ホテル・ロード）
Pale San Vitores Rd.
17世紀に上陸した宣教師の名にちなんだメインロード。ホテルが並ぶのでホテル・ロードとも

クラウン・プラザ・リゾート・グアム
Crowne Plaza Resort Guam

サン・ヴィトレス・ロード（ホテル・ロード）

H パシフィック・スター・リゾート＆スパ

コンビニエンス・ストア大阪
H ガーデン・ヴィラ

Marine Corps Dr.

H パシフィック・アイランド・クラブ・グアム
P.32/P.139

中国庭園 ●

マリン・コア・ドライブ Marine Corps Dr.

マリン・コア・ドライブ
Marine Corps Dr.
グアム1号線のこと。島を斜めに縦断する幹線道路のひとつで、全長約34km

H ロイヤル・オーキッド

1

P.37「I♥GUAM」のウォールアート ●

廉価なみやげ物や日用品が揃うスーパー

P.105 Kマート

ハーモン・インダストリアル・パーク・ロード
Harmon Industrial Park Rd.

ハガニア湾に面して立つリーガロイヤル・ラグーナ・グアム・リゾート

リゾートとショッピングのエリア

タムニング
Tamuning

タモン●

●ハガニア

高級リゾートホテルから多くの人で賑わうアウトレットや地元色豊かなスーパー、老舗の有名レストランからファストフードまで揃うエリア。遊び方はさまざまだ。

MAP 付録P6

ビジネスの中心地だが、リゾートホテルやアウトレットも楽しめる

　タモンと準州グアムの首都であるハガニアとの中間に位置し、グアム国際空港にも近い。ITC(グアム・インターナショナル・トレード・センター)ビルをはじめとするオフィスビルや銀行が多く立ち、グアムのビジネスの中心エリアとなっている。西側のハガニア湾沿いにはリーガロイヤル・ラグーナ・グアム・リゾートや星野リゾート リゾナーレグアムなどのリゾートホテル、シャーリーズなどの老舗のレストランが立つ。ホスピタル・ロード周辺には人気のアウトレットやショップ、レストラン、地元民に親しまれている気軽なスーパーなどがあり、観光客を楽しませてくれる。フローレス大司教像や聖アンソニー教会などの観光スポットもあり、グアムの歴史を考えてみるのもいい。アルパット島ではカヌーなども楽しめる。

⬆チャラン・サン・アントニオ沿いの聖アンソニー教会(上)。街のランドマークのITCビル(下)

アクセスと交通

タモンからタムニングのホテルやアウトレットを結ぶシャトルバスが運行している。

喧噪のタモンから少し離れ、ハガニア湾を望みながら至福の時を過ごす

P.135 リーガロイヤル・ラグーナ・グアム・リゾート 🏨

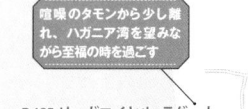

●アルパット島 P

ハガニ

⬆グアム・オーシャン・パークでは多彩なアクティビティが楽しめる

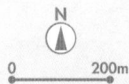

N

0　　　200m

←リーガロイヤル・ラグーナ・グアム・リゾートのインフィニティプール

↑チャモロ人として最初に大司教に任じられた神父フローレスを讃える像

ヒルトン グアム・リゾート＆スパ P.135

↗イパオ・ビーチ P.37/P.57

フローレス大司教像 ●

イパオ・ビーチ・パーク ●

サン・ヴィトレス・ロード
（ホテル・ロード）

† シスターズ・オブ・マーシー教会

Ⓐ パティスリー・パリスコ P.124

チャラン・サン・アントニオ沿いに立つスペイン建築のカトリック教会

聖アンソニー教会 ●

🏠 ペイレス・スーパーマーケット

● スキューバ・カンパニー・マリンスポーツ P.31

スリー・スクエアズ Ⓐ
P.110

Ⓗ 星野リゾート リゾナーレグアム
P.12/P.33//P.136

ビジネス・モーテル

夕日が感動的なハガニア湾を前に建つ。広大なウォーターパークが隣接

↑グアム・プレミア・アウトレットでは宝探し気分で、手ごろな価格のアイテムを探したい

チャラン・サン・アントニオ
Chalan San Antonio

ホスピタル・ロード（14号線）の別称で、位置的にはフローレス大司教像とITCビル間を走る

モンティセロ・プラザ ●
東京マート Ⓞ
コスト・ユー・レス Ⓞ

タムニング

Ⓐ エリート・ベーカリー P.126

● タピオカ・カフェ P.125

Paraiso St.

P.128 バイオロジー Ⓐ

Pas St.

P.94 グアム・プレミア・アウトレット Ⓞ

グアム唯一のアウトレットモール。フードコートや娯楽施設も好評だ

Ⓐ キングス
P.49

サウス・マリン・コア・ドライブ
South Marine Corps Dr.

ハガニア地区ではグアム解放記念日（7月21日）の記念パレードの会場ともなる

P.54
グアム・オーシャン・パーク

P.39 カラバオのウォールアート

日本国総領事館

ITCビル

よく目立つ9階建ての国際貿易センタービルで、日本国総領事館も入居

ショッピング

グルメ

ホテル

タモン

歩いて楽しむ

ハガニア

14

30A

30

Chalan San Antonio

チャラン・サン・アントニオ

サウス・マリン・コア・ドライブ

South Marine Corps Dr.

キリスト教
信仰の中心、
聖母マリア
大聖堂

歴史スポットが点在し時代が交差する

ハガニア
Hagatna

タモン●

タムニング●

★

チャモロ時代の巨石が残る公園やスペイン統治の面影が色濃く漂う教会など、グアムの歴史にふれられるエリア。地元で人気のレストランも点在する。

MAP 付録P.11

グアム準州の首都にはチャモロ文化とスペイン文化の歴史がぎっしりと

　グアムの首都だが、人口は少なく、豪華なリゾート施設などはほとんどない。しかし、この街にはグアムが体験してきた歴史的なさまざまな痕跡や遺跡、建造物などがあちらこちらに残っている。ラッテ・ストーンと呼ばれる石造物はグアム独自のチャモロ文化の遺跡だ。マゼランによってグアムが西欧世界に知られ、16世紀半ばにはスペインが領有宣言をするが、以降300年以上にわたってグアムの文化はスペイン文化に大きく影響される。市内にはスペイン広場や聖母マリア大聖堂、スペイン総督邸跡など、スペイン文化が漂う多くの名所が残る。歴史スポット巡りのほか、チャモロ・ヴィレッジで毎週水曜夜に開かれるマーケットを訪ね、タモンとは異なる飾らないグアムの魅力にふれてみるのも楽しい。

↑アプガン砦には、大砲のレプリカが3基設置され、スペイン統治時代の名残を残す。現在は展望スポットとして親しまれる

↑新たなランドマークとして注目されるグアム・ミュージアム(上)。趣向を凝らした展示で歴史を知る(下)

アクセスと交通

タモンからハガニアシャトルバスが運行。水曜夜にはチャモロ・ヴィレッジ・ナイトシャトルも運行する。

N

0　　50m

Marine Corps Dr.

P.114 モサズ・ジョイント Ⓜ

Herman Cortez Ave.

Padre Palomo St.

●アプガン砦

Ⓜ シンプリー・フード
P.122　　　⑦

✝ セヴンス・デイ・アドヴェンティスト教会

パセオ公園

・パセオ球場

↑屋台風の店が並び、水曜のナイトマーケットはお祭り騒ぎとなるチャモロ・ヴィレッジ・ナイトマーケット

↑毎週木曜の夜にはスキナー広場にフードトラックが集まり、賑わいをみせる

ショッピング
グルメ
タムニング
ホテル
歩いて楽しむ

ハガニア・ボート・ベイスン●

P.62 チャモロ・ヴィレッジ・ナイトマーケット
チャモロ文化村●

スペイン統治時代に作られたサンゴ石の橋で、戦後この地に復元された

マリン・コア・ドライブ ① Marine Corps Dr.

人魚シレナの像
● サン・アントニオ橋

ハガニア・フードトラックナイト P.63
● スキナー広場

メインストリート・デリカッセン&ベーカリー P.126
● ココバードのウォールアート P.38

● スレッズ・グアム P.98

P.148 グアム・ミュージアム ●

ハガニア郵便局

P.99 クラウンズ●
マイティー・パープル・カフェ P.40
ヨハネ・パウロ2世像
● グアム議事堂

④

ハガニア川

Chalan Santo Papa Juan Pablo Dos

18世紀に建てられたスペイン提督の宮殿・役所は、1944年の米軍の爆撃ではとんどが破壊された

P.38 スペイン広場 ●

● 聖母マリア大聖堂

スペイン総督邸跡

ウエスト・オブライエン・ドライブ
West O'Brien Dr.

チョコレート・ハウス

広場と周辺にはスペイン統治下のグアムの歴史を語る史跡が多くある

グアム住民の約85%を占めるカトリック教徒の格式の高い中心的教会

スペイン広場にある、総督夫人が賓客をもてなす社交場として活用した

P.38 カラバオのウォールアート ●

● ハガニア図書館

⑦ East O'Brien Dr.

ローカル色の強い商業施設で、ゆったりとした雰囲気で買い物ができる

ラッテ・ストーン公園 ●

● 裁判所

● 知事官邸

↑きのこ形の石柱"ラッテ・ストーン"が並ぶ、チャモロ文化の遺跡が残る

アガニア・ショッピングセンター ●

West O'Brien Dr.

San Ramon St.

● トライアングル・パーク

● グアム法律図書館

147

美しい自然に守られた島の歩みをたどる

ミクロネシアの楽園グアムの歴史

グアムの歴史は植民地の歴史。スペイン、日本、アメリカの統治を受けながら近代文明を開化し、多様な文化、経済、産業を育んできた。

グアムのルーツの人々

古代チャモロの時代

考古学的資料から、約4000年前に東南アジアの島からマリアナ諸島へ渡来したインドマラヤ系民族が最初に居住したのが起源といわれている。彼らはのちにチャモロ人と呼ばれる先住民族になる。漁師や職人として優れ、独特の住居やカヌーを作り、複雑な織物や陶器作りも行った。強固な母系社会だったのも特徴である。

↪古代チャモロ人が残したラッテ・ストーン

スペイン支配で貿易拠点に

スペインによる西欧化

1521年、世界一周の航海をしていたマゼランがグアム島を発見しウマタックに上陸。船を修理するために3日間停泊し、新鮮な果物や野菜や水を調達。マゼランはその対価として鉄を島民に与えた。マゼランがグアム島を発見した後、1565年スペインのコンキスタドール（征服者）であるミゲル・ロペス・デ・レガスピがグアム島に到達。スペイン国王がグアム島およびそのほかのマリアナ諸島の領有権を正式に宣言。以降333年間に及ぶスペイン統治時代が始まり、グアムはフィリピンとメキシコを結ぶ貿易拠点となる。

アメリカ統治下で文明開化

アメリカ統治の始まり

19世紀末期、先住民の独立運動などにより世界的にスペインの植民地への統治が衰退し始めた。1898年、スペイン軍によるアメリカ戦艦の沈没をきっかけに米西戦争が勃発。スペイン領であったグアム島もアメリカ海軍の砲撃を受け、同年アメリカによって占領された。大敗を喫したスペインは多くの植民地を失い、同年パリ条約によってグアムはアメリカの領地となった。

アメリカはグアムを船舶の補給場所としてしか重視せず、島民は自由な暮らしができるようになった。アメリカによる統治は、グアムに農業、保健衛生、教育、土地管理、税制、公共事業などの数々の文明的な変革や改善をもたらすこととなった。

日本の生活習慣が広がる

大宮島と呼ばれた時代

1941年、真珠湾攻撃による太平洋戦争勃発を機に日本軍が占領。日本軍の占領下にある唯一の旧米国領となり、その後31カ月間にわたって、島民は日本の生活習慣を強要されることとなった。日本軍はグアム島を「大宮島」に、首都ハガニアは「明石」に改名。この日本軍占領時代を、チャモロ語では「日本の時代」を意味する「テイエイポン・チャバネス」と呼ぶ。

観光から多様な経済活動へ

アメリカによる再統治

アメリカ軍がマリアナ諸島に向かって反撃を強めるに従い、日本軍のチャモロ人に対する態度は硬化していった。島民たちは強制労働のために東部に集められたが、結果的にこの移動が大多数のチャモロ人の命をアメリカ軍の艦砲射撃から救うことになった。

1944年、アメリカ軍がグアム島に上陸。3週間にも及ぶ激戦の末、グアム島はアメリカ軍の手に落ち、再びアメリカの統治下になった。1950年にアメリカの自治属領（準州）となり、今日までアメリカの太平洋戦略上の基地として活用されている。

1967年、パンアメリカン航空が日本から航空路の運航を開始したことにより、グアムに近代的な観光産業が確立することとなった。以来、軍需、建設、小売、銀行、金融サービスなど多様な経済活動や産業が発展していった。

↑スペインに始まり度重なる統治を経て、リゾートとして発展をとげたグアム

島の歴史を知るならココ

グアム・ミュージアム

Guam Museum
ハガニア MAP付録P.11 B-3

本を開いたような特徴的なデザインの博物館で、グアムの歴史やチャモロ文化に関する多彩な常設展が行われている。敷地には、スペイン広場を見渡せるイベント会場にもなるアトリウムにも注目してみたい。

↑スペイン広場の向かいに位置

☎671-989-4455 ㊋チャモロ・ヴィレッジバス停から徒歩5分 ㊙193 Chalan Santo Papa Juan Pablo Dos, Hagatna ㊶9:00〜16:00 ㊡土〜月曜 ㊎$3、学生$1

↑チャモロの歴史にふれられる展示が充実

旅の基本情報

📍

旅の準備

パスポート（旅券）

旅程が決まったら、まずはパスポートを取得。すでに取得している場合も有効期限をチェック。グアム州があるアメリカへの入国時には、パスポートの有効残存期間が45日以上は残っているのが望ましい。

グアムー北マリアナ諸島連邦ビザ免除プログラム

45日以内の滞在であれば「グアムー北マリアナ諸島連邦ビザ免除プログラム（Guam-CNMI VWP）」が適用される。　渡航前にオンライン（www.cbp.gov/document/forms/form-i-736-guam-cnmi-visa-waiver-information-english ※英語のみ）で「I-736」の用紙をダウンロード、出発の7日前以降に印刷したものにサインをして保官に提出する。

ESTA（電子渡航認証システム）

46日以上90日以内の滞在はESTA（電子渡航認証システム）と呼ばれるシステムによる事前申請が必要。公式HPから渡航の72時間前までに手続きを済ませ、認証してもらおう。手続きの詳細は➡P.150へ。

ビザ（査証）

91日以上滞在する場合はビザが必要。

海外旅行保険

アメリカは医療費が高いので、保険には必ず加入を。保険会社の窓口のほか、空港でも加入できる。

- -

📞 **日本からグアムへの電話のかけ方**

010	→	1	→	671	→	相手の電話番号

国際電話の識別番号　アメリカの国番号　グアムのエリアコード

荷物チェックリスト

◎	パスポート	
◎	パスポートのコピー（パスポートと別の場所に保管）	
◎	ESTAの申請番号控え（46日以上の滞在の場合）	
◎	現金	
◎	クレジットカード（2枚以上を推奨）	
◎	航空券またはeチケット	
◎	ホテルの予約確認書	
◎	海外旅行保険証	
◎	ガイドブック	
	洗面用具（歯磨き・歯ブラシ）	
	常備薬・虫よけ・生理用品	
	化粧品・日焼け止め	
	着替え用の衣類・下着	
	冷房対策用の上着	
	水着	
	ビーチサンダル	
	雨具・折りたたみ傘	
	帽子・日傘	
	サングラス	
	防水ポーチ・防水スマホケース	
	部屋着	
	エコバッグ	
	携帯電話・充電器・モバイルバッテリー	
	デジタルカメラ・充電器・メモリーカード	
	Wi-Fiルーター	
	ウェットティッシュ・ティッシュ・ハンカチ	
△	スリッパ（ホテルでも使用）	
△	アイマスク・耳栓	
△	エア枕	
△	筆記具	

◎必要なもの　△機内で便利なもの

入国・出国はあわてずスマートに手続きしたい!

落ち着いて行動するために、事前に流れをシミュレーション。荷物や申請に不備がないか確認しておけば安心。

アメリカ(グアム)入国

① 入国審査

到着後、スタッフの指示に従い入国審査所へ向かう。審査官にパスポートと税関申告書(求められれば復路の航空券も)を提出し、滞在の期間や目的を伝える。指紋採取、顔画像撮影を行い、パスポートに入国スタンプを押してもらったらOK。また、ESTA取得後にアメリカへの入国歴がある人は自動入国審査端末(APC)を利用でき、質問の回答入力やパスポートのスキャンなど入国審査をキオスク端末で行える。APCを利用した場合は税関申告書の記入は不要。

② 預けた荷物の受け取り

モニターで自分の搭乗便を確認。該当のターンテーブルで預けた荷物を受け取る。荷物が出てこない場合はバゲージクレーム・タグを係員に見せ手続きする。

📍 出発前に確認しておきたい!

ESTA(電子渡航認証システム)

46日以上90日以内で滞在する場合は入国までに渡航認証されている必要があるので、公式HP(🌐https://esta.cbp.dhs.gov/esta/)から申請する。申請料は$21。認証されていないとチェックインができない可能性が高いので注意。渡航72時間前までの申請が推奨されている。

① 公式HPにアクセス
専用HPの「新規の申請」から「個人の申請」を選択し、免責事項を確認。

> ESTA申請で検索すると公式ではない申請サイトもヒットするので注意

② 必要事項を記入
氏名やパスポート番号などの申請者の情報と、渡航情報を入力し、質問に回答。項目内容を確認してから送信する。

③ 支払いと認証の確認
クレジットカードで申請料を支払う。トップページの「既存の申請内容を確認」から控えておいた申請番号でアクセスし、認証が承認されていれば完了。

③ 税関手続き

税関申告書は機内で配られるので事前に記入しておく。申請するものがなければ緑の通路へ進み、税関申告書を渡す。申請するものがあれば、赤の通路の係員に申請する。税関を通過したら、個人旅行者用出口から到着ロビーへ。

> 🖊 機内で書いておきたい。ペンは必携

グアム入国時の免税範囲

アルコール類	酒類3.7ℓまで(21歳以上)
たばこ	紙巻たばこ1000本、または5カートン(21歳以上)
物品	$1000相当まで
現金	課税されないが、合計$1万相当以上の場合は申告が必要

Webチェックイン

搭乗手続きや座席指定を事前にWebで終わらせておくことで、空港で荷物を預けるだけで済み大幅に時間を短縮できる。一般的に出発時刻の24時間前からチェックイン可能。パッケージツアーでも利用できるが一部は対象外で、その際は空港カウンターでの手続きとなる。

機内への持ち込み制限

●**液体物** 100㎖(3.4oz)を超える容器に入った液体物はすべて持ち込めない。100㎖以下の容器に小分けにしたうえで、ジッパー付きの透明なプラスチック製袋(縦横合計40cm以内が目安。1人1袋に限る)に入れる。免税店で購入したものは100㎖を超えても持ち込み可能だが、乗り継ぎの際に没収されることがある。
●**刃物** ナイフやカッター、ハサミなどの刃物。
●**電池・バッテリー** 100Whを超え160Wh以下のリチウムを含む電池は2個まで。100Wh以下や本体内蔵のものは制限はない。160Whを超えるものは持ち込み不可。
●**ライター** 小型かつ携帯型のものを1個まで。
●**粉末状物質** 350㎖(12oz)を超えるコーヒーなどの粉末。アメリカ行き国際線のみの規制。粉ミルクは例外。

注意が必要な持ち込み品

アメリカへ植物、果物、肉類、土などを持ち込むことはできない。肉、卵などの畜産物はエキスの入った加工品(インスタント製品や缶詰)もNGだ。

アメリカ(グアム)出国

① 空港へ向かう

搭乗する航空会社によってターミナルが違うため、事前によく確認しておきたい。チェックインがまだであれば2時間前、Webチェックインを済ませていても1時間前には着いていたい。

② チェックイン

チェックインがまだであれば、カウンターでパスポートと搭乗券(eチケット)を提示。預ける荷物をセキュリティチェックに通し、バゲージクレーム・タグを受け取る。預け入れ荷物は施錠できないので、スーツケースベルトなどを活用したい。ただし、TSAロックのスーツケースなら施錠可。

③ セキュリティチェック

セキュリティチェックはテロ対策で時間がかかることもあるので、余裕をもって受けたい。機内持ち込み荷物のX線検査とボディチェックを受ける。ボディチェックはベルト、携帯、時計、アクセサリーなどの金属類を外して行う。

④ 搭乗

セキュリティチェック後は出発フロアで免税店でのショッピングやグルメを楽しめる。30分前には搭乗ゲート前に到着しておきたい。機内で配られる「携帯品・別送品申告書」も記入しておこう。

日本帰国時の免税範囲

アルコール類	1本760㎖程度のものを3本
たばこ	紙巻たばこ200本、葉巻たばこ50本、加熱式たばこ個装等 10個のいずれか。
香水	2oz(オーデコロン、オードトワレは含まない)
その他物品	海外市価1万円以下のもの。1万円を超えるものは合計20万円まで

※アルコール類、たばこは20歳以上のみ

日本への主な持ち込み禁止・制限品

持ち込み禁止品	麻薬類、覚醒剤、向精神薬など
	拳銃などの鉄砲、弾薬など
	ポルノ書籍やDVDなどわいせつ物
	偽ブランド商品や違法コピーDVDなど知的財産権を侵害するもの
	家畜伝染病予防法、植物防疫法で定められた動植物とそれを原料とする製品
持ち込み制限品	ハム、ソーセージ、10kgを超える乳製品など検疫が必要なもの
	ワシントン国際条約の対象となる動植物とそれを原料とする製品
	猟銃、空気銃、刀剣など
	医療品、化粧品など

こちらもチェックしておきたい！

預け入れ荷物の施錠

アメリカからの出発・乗り継ぎ便はテロ対策として、預け入れ荷物のスーツケースなどに鍵をかけないよう通知されている。鍵をかけていた場合、最悪鍵が壊れることもあり、さらに保険の対象外だ。貴重品は預け入れではなく、手荷物として機内に持ち込みたい。

空港での別送品の申告

海外から物品を別送する場合は、日本入国時に「携帯品・別送品申告書」を2通税関に提出する。うち1通は税関に確認印を押してもらい、保管する。通関手続きが終了すると、税関外郵出張所からお知らせのはがきが届くので確認印が押された申告書を提出する。

出入国の自動化ゲート、顔認証ゲート

日本の一部空港では、パスポートと指紋の登録でスムーズに出入国を行える「自動化ゲート」や、登録なしで顔認証により自動的に出入国手続きが済む「顔認証ゲート」が運用されている。どちらもパスポートへの入国スタンプは押されないので、必要な場合は各審査場事務室の職員に申し出よう。

荷物の重量制限

帰国時に重くなりがちな預け入れ荷物。JALやANAなどLCCではない航空会社であれば、1個23kgまでの荷物が2個まで預け入れ無料のところがスタンダード。重量オーバーすると別途料金が必要になるので、重い荷物をバランスよく2つに分けることが重要だ。

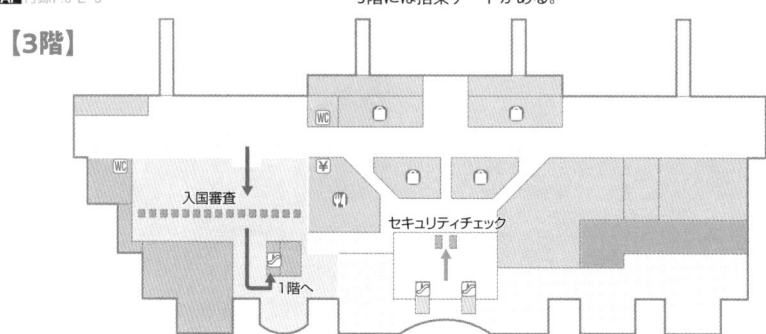

グアム国際空港
Guam International Airport
MAP 付録P.5 E-3

ミクロネシア最大の国際空港で正式名称はアントニオ・B・ウォン・パット国際空港。グアム島のほぼ中央にあり、タモンやハガニアまでは車で10～20分ほど。1階は到着ロビー、2階は出発ロビー、3階には搭乗ゲートがある。

【3階】

【2階】

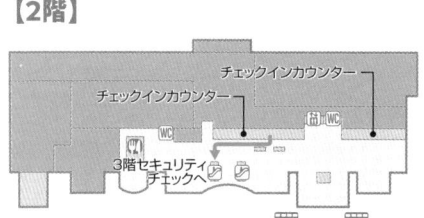

【1階】

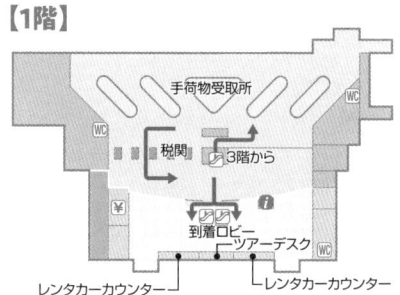

🛗エレベーター　🛗エスカレーター　WCトイレ　¥銀行/両替所
ℹ️案内所　🍴飲食店　◻️ショップ　🚌バス乗り場

空港からホテルへはスムーズにアクセスしたい!

時間やお金の節約のためにも、事前にどの交通機関を利用するかを検討し、必要であれば予約を済ませておきたい。

空港からタモンへ

パッケージツアーであれば宿泊ホテルまでの送迎サービスが含まれている場合も。申し込みの際にチェックしよう。

 タクシー | 所要 約20～30分 | 料金 $15～22

到着ロビーを左手に進むとタクシーカウンターがあり、外に出ると乗り場がある。料金はメーター制で、基本料金は$2.40、最初の1マイル(約1.6km)まで$4、その後1/4マイルまたは待機時間2分ごとに$0.80加算される。チップは10～15%程度、荷物1個につき$1程度を目安に。

🚗 **レンタカー** | 所要 約20～30分 | 料金 レンタカー会社により異なる

税関から到着ロビーを出て正面に、ニッサンやハーツ、アラモなどのオフィスがある。グアム到着から30日以内であれば、日本の運転免許証で運転できる(21歳以上)。

 ホテルの送迎 | 所要 約10～30分 | 料金 ホテルにより異なる

宿泊ホテルにあらかじめ予約をしておけば空港まで迎えに来てくれる。乗合バスや貸切などを選べる場合もある。英語に自信がなければ旅行会社に手配してもらっても◎。

電話／インターネット事情を確認しておきたい!

現代の旅には欠かせないスマートフォンやタブレットを快適に利用するため、通信の手立てを考えておきたい。

> 国番号は、日本が81、アメリカが1

電話をかける

グアムから日本への電話のかけ方

ホテル、公衆電話から

ホテルからは外線番号 → 011 → 81 → 相手の電話番号

| 国際電話の識別番号 | 日本の国番号 | ※固定電話の市外局番、携帯電話とも最初の0は不要 |

携帯電話、スマートフォンから

0または＊を長押し → 81 → 相手の電話番号

※機種により異なる　日本の国番号　※固定電話の市外局番、携帯電話とも最初の0は不要

固定電話からかける

ホテルから　外線番号(ホテルにより異なる)を押してから、相手先の番号をダイヤル。たいていは国際電話もかけることができる。

公衆電話から　硬貨やテレホンカードで利用できるほか、クレジットカード式のものも。島内通話は1回25¢で時間はほぼ無制限。

日本へのコレクトコール

緊急時にはホテルや公衆電話から通話相手に料金が発生するコレクトコールを利用しよう。

◉**KDDIジャパンダイレクト**
☎**1-877-533-0051**

オペレーターに日本の電話番号と話したい相手の名前を伝える

携帯電話／スマートフォンからかける

国際ローミングサービスに加入していれば、日本で使用している端末でそのまま通話ができる。滞在中、島内の電話には番号をそのままダイヤルするだけでよい。日本の電話には、＋を表示させてから、国番号「81」＋相手先の番号(最初の0は除く)。同行者の端末にかけるときも、国際電話としてかける必要がある。

海外での通話料金　日本国内での定額制は適用されず、着信時にも通話料が発生するため、料金が高額になりがち。ホテルの電話やIP電話を組み合わせて利用したい。同行者にかけるときも日本への国際電話と同料金。

IP電話を使う　インターネットに接続できる状況なら、SkypeやLINE、Viberなどの通話アプリの利用で、同じアプリ間であれば無料通話ができる。有料プランでグアムの固定電話にもかけられ、一般的に国際電話料金より安い料金設定になっている。

インターネットを利用する

ほとんどのホテルでWi-Fiを利用することができる。有料のこともあるので予約時に確認を。街なかでは、主要なショッピングセンターやレストランなどで利用できる。鍵マークが付いていない無料Wi-Fiスポットは通信内容が読み取られる可能性があるので、カード番号など重要な情報を含む通信を行わないように注意。

◉無料Wi-Fiがある主なスポット

マイクロネシア・モール／Tギャラリア グアム by DFS／JPスーパーストア／タモン・サンズ・プラザ／K-mart／マクドナルド／カリフォルニア・ピザ・キッチン／ハードロックカフェ

インターネットに接続する

各携帯電話事業者の海外データ定額サービスに加入すれば、1日1000〜3000円程度でのデータ通信が可能。通信事業者によっては空港到着時に自動で案内メールが届くこともあるが、事前の契約や手動での設定が必要なこともあるため、よく確認を。定額サービスに加入せずにデータ通信を行うと高額な料金となるため、不安であれば電源を切るか、機内モードやモバイルデータ通信をオフにしておこう。

プリペイドSIMカード／レンタルWi-Fiルーター

頻繁に利用するならば、現地用SIMカードの購入や海外用Wi-Fiルーターのレンタルも検討したい。SIMフリー端末があれば、Webサイトなどで事前購入したプリペイドSIMカードを差し込むだけで、期間中、決まったデータ容量の範囲内でデータ通信と通話ができる。5日間利用で2000〜3000円など。テザリングすれば複数人でも使用可能。Wi-Fiルーターの料金はさまざまだが大容量プランで1日1000〜2000円ほど。複数人で同時に使えるのも魅力。

	カメラ／時計	Wi-Fi	通話料	データ通信料
電源オフ	×	×	×	×
機内モード	○	○	×	×
モバイルデータ通信オフ	○	○	$	×
通常モバイルデータ通信オン	○	○	$	$

○ 利用できる　$ 料金が発生する

オフラインの地図アプリ

Google Mapsなどの地図アプリでは、地図データをあらかじめダウンロードしておくことで、データ通信なしで利用可能になる。機内モードでもGPS機能は利用できるため、通信料なしで現在位置を把握できる。

グアムのお金のことを知っておきたい！

事前に大まかな支出を算出して、現金払いか、カード払いか想定しておけば適切な両替額もわかりやすくなる。

通貨

通貨はドル（$）とセント（¢）で、$1＝100¢。

$1 ＝ 約155円
（2024年5月現在）

1万円 ＝ 約$65

紙幣は$1〜100まで7種類あるが、よく見かけるのは$20までで、$2紙幣はほぼ流通していない。硬貨は1〜50¢、$1の6種類だが主に使うのは4種類。チップに便利な$1や$5紙幣は常に用意しておきたい。

紙幣

 $1

硬貨

25¢
クォーター

 $5

10¢
ダイム

 $10

5¢
ニッケル

 $20

1¢
ペニー

 $50

 $100

両替

どこで両替をすればいい?

おすすめは出発前に必要最小限の現金を日本の銀行で両替しておくこと。グアムよりもレートが良い場合が多い。グアムで両替する場合、一般的にホテルや空港はレートが悪く、手数料が高い。島内ではTギャラリア by DFSの両替所は比較的レートが良いのでおすすめ。ただ基本的にはカード払いするほうがポイントなどを考慮するとお得で安全性も高い。現金が足りなくなったらATMでキャッシングを利用するのもおすすめ。

✎ 日本円からの両替は
BUYING

レート表の見方

CURRENCY（通貨）	SELLING	BUYING
JAPANESE YEN	156.78	157.28
BRITISH POUND	199.44	200.49

└ 両替する通貨　ドルを日本円に両替するときのレート　日本円をドルに両替するときのレート。この場合、1万円が$63.50の換算

クレジットカードのキャッシング／デビットカード

クレジットカードのキャッシングによる現地通貨の引き出しは利息が発生するが、帰国後すぐに繰上返済すれば、現金での両替よりもレートが有利なこともある。事前にキャッシングの可否やPIN（暗証番号）の確認を忘れずに。また、VISAかJCBのデビットカードもATMで現地通貨の引き出しが可能。即時決済なのでクレジットカードのように借り入れになるのが気になる人におすすめ。

海外トラベルプリペイドカード

プリペイドカードを利用して事前に日本で必要な分だけ入金しておき、ATMで現地通貨を引き出せる。任意の金額しかカードに入っていないので安全性が高く、為替手数料は現地両替所やほかのカードと比べて割安なことがある。

クレジットカード

グアムでは、マーケットなどを除けば多くの場所でクレジットカードが利用できる。多額の現金を持ち歩くのは危険なので、うまく組み合わせて利用したい。ホテルやレンタカー会社などで保証金代わりとして求められることもある。非対応の場合や、紛失などのトラブルに備えて2枚以上あると安心。

ATM の使い方

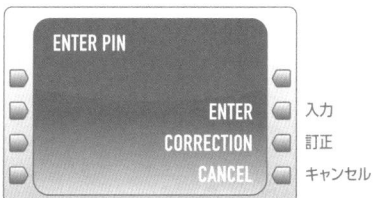

暗証番号を入力 ENTER PIN

PIN(暗証番号)を入力と表示されたら、クレジットカードの4ケタの暗証番号を入力し、最後にENTER(入力)を押す

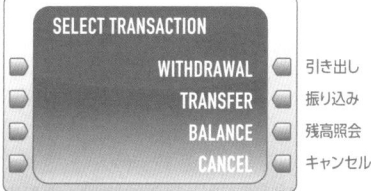

取引内容を選択 SELECT TRANSACTION

国際クレジットカードでのキャッシングも、国際キャッシュカードやデビットカード、トラベルプリペイドカードで引き出すときもWITHDRAWAL(引き出し)を選択

取引口座を選択 SELECT SOURCE ACCOUNT

クレジットカードでキャッシングする場合はCREDIT(クレジットカード)、トラベルプリペイドカードなどで預金を引き出す場合はSAVINGS(預金)を選択

金額を選択 SELECT AMOUNT

引き出したい現地通貨の金額を選ぶ。決められた金額以外の場合は OTHER(その他)を選ぶ。現金と明細書、カードを受け取る

物価

グアムの物価は日本の都市部と同程度。食事代は日本よりも高く感じるが量も多いので、シェアするとよい。アメリカブランドのものは日本よりも安く手に入ることも。

バス乗車料金
$7(約1090円)〜

タクシー初乗り
$2.40(約372円)

ミネラルウォーター
(500ml)
$1前後
(約155円)

ビール
$2〜
(約310円〜)

パンケーキやプレートランチ
$10〜20(約1550〜3100円)

レストランのディナー
$50〜80(約7750〜1万2400円)

予算の目安

東京〜グアム間の航空券は時期により5万〜9万円程度。下記のほかにオプショナルツアー代やおみやげ代をプラス。

宿泊費 タモンの場合、格安ホテルで1室あたり1万〜1.5万円、中級ランクで1.5万〜3万円、ホテル滞在が旅のメインになる高級リゾートなら2万〜5万円。

食費 ステーキハウスやホテルのダイニングは1人$50〜80は必要。プレートランチやフードコートなら1人$10前後で安く済ませられる。

交通費 バス移動は上手に使えば交通費を節約できるが、限られた時間を有効に使うため、タクシーやツアーの送迎など多少の出費も必要。

チップ

サービスを受けたときに渡す習慣で、最少額は$1。レストランやツアー、タクシーなどは10〜15％程度を払う。カードで払う場合もチップの金額を上乗せしてレシートの「Tip」の欄に書き込んで支払う。伝票に「Tip」や「Service Charge」などの名目ですでに金額が計上されている場合はチップが含まれているので、額面どおりの支払いでOK。

金額の目安

ホテル・ベッドメイキング	1泊につき$1
空港やホテルのポーター	荷物1つにつき$1
バレーパーキング	$2〜3
エステ・マッサージ	利用料金の15%程度

滞在中に知っておきたいグアムのあれこれ！

現地であわてないよう、グアムならではの習慣やマナーを知って心の準備をしておけば、より楽しい旅に。

飲料水

グアムの水道水は飲用しても問題ないといわれているが、日本の軟水とは違って硬水なので、できるだけミネラルウォーターを購入したい。500mlペットボトルが$1程度で、スーパーやコンビニなどいたるところで売られている。

トイレ

公衆トイレはあまり多くないが、ショッピングセンターやレストランで無料のトイレを利用できるため、困ることは少ない。ほとんどが日本の洋式と同じ形で水洗、トイレットペーパーも流してよいが、まれにトイレットペーパーがないこともあるので、水に流せるポケットティッシュがあると便利。一般的に「Restroom」と表記されている。

各種マナー

路上で　横断歩道以外の場所での道路の横断や、歩きスマホなどの危険な行為は絶対にしないこと。また、夜間は安全のため、人通りの多い明るい場所を歩くようにしたい。

ビーチで　喫煙や飲酒が禁じられているほか、サンゴを採ったり、サンゴの上に立つことも禁止されている。また、泳ぐ際にはビーチが遊泳可能かどうか事前にチェックすること。

ホテルで　景観保護のため、テラスに洗濯物を干す行為はNG。ほかホテルに限らず12歳以下の子どもの単独行動・放置は虐待とみなされる。

度量衡

日本とは異なるヤード・ポンド法が使われている。下の表を参考にメートル法で数値を置き換えよう。

主な単位

長さ	1mile（マイル）= 約1.6km	重さ	1lb（ポンド）= 約453g
長さ	1In（インチ）= 約2.54cm	重さ	1oz（オンス）= 約28g
長さ	1Ft（フィート）= 約30.5cm	体積	1Pt（パイント）= 約473ml
温度	0℃（摂氏）= 32℉（華氏）	体積	1Gal（ガロン）= 約3.78ℓ

ドレスコード

南国なので基本的にはカジュアルな服装でよいが、高級レストランではリゾートカジュアルを設定しているところが多い。短パンやビーチサンダル、水着、タンクトップなどを避けて、男性なら襟付きシャツに長ズボンと靴、女性ならブラウスやワンピースであれば問題ない。また、ホテル内や大通りを水着で歩くのはNGなので、ビーチの行き帰りに軽く上下に着るものを用意しておきたい。

電化製品の使用

電圧は日本と異なる

グアムの電圧は110～120V（ボルト）、周波数60Hz（ヘルツ）と日本の電圧100V、周波数50～60Hzより少し高め。近年のスマートフォンやデジタルカメラの充電器は、さまざまな電圧に対応しているため変圧器は必要ないが、事前に対応電圧を確認しておきたい。ドライヤーやヘアアイロンは海外の電圧に対応していないことがあり、変圧器を通しても壊れることがあるので海外対応の機器を購入しよう。

プラグはA型が主流

日本と同じく2つの穴があるA型なので変換プラグは不要。3つ目の丸い穴はアースプラグで、使わなくても大丈夫。

A型プラグ

郵便

はがき／手紙

日本へ航空便で送る場合、所要4～7日ほど。はがき、封書（First-Class Mail International）は定形サイズであれば1オンス（28g）まで世界中どこの国へも$1.55。「AIRMAIL」と「JAPAN」と記載しておけば、宛名は日本語でも可。

小包

郵便局の窓口から専用の箱に入れて送る場合、航空便小包（Priority Mail International）は20ポンド（9.07kg）まで送ることができ、料金は$92.81～116.77。速達郵便（Priority Mail Express International）は4ポンド（1.84kg）まで$70.95かかり、3～5日で届く。

飲酒と喫煙

飲酒、喫煙とも21歳から。

公共の場での飲酒、酒類の深夜の販売は禁止

街なかやビーチ、公園などの公共スペースでの飲酒は禁止。また、深夜2時～朝8時まではスーパーやコンビニでの酒類の販売が禁じられている。酒類の購入にはID（身分証明書）の提示が求められる場合もある。

喫煙は喫煙スペースで

公園、街なか、ビーチなどの屋外公共スペースはもちろん、ホテルやレストランなどの屋内、テラスも含めほぼ禁煙。灰皿が置いてある喫煙スペースを探そう。たばこ購入にはIDが必要となる。

病気、盗難、紛失…。トラブルに遭ったときはどうする？

万が一のときのために、事前にトラブルの可能性を確認し、対応策を考えておけば安心だ。

治安が心配

グアムはアメリカ内では比較的治安の良い州だが、観光客はスリや詐欺、置き引き、ひったくりなどに狙われやすい。油断せずに十分な注意を払おう。

緊急時はどこへ連絡？

事故や事件に巻き込まれた場合は迷わず警察へ。想定外の事態に巻き込まれて困った場合は大使館に相談。また、病院は基本的に予約制となるので緊急の場合以外には予約を。

警察・消防・救急 ☎911

大使館

在ハガッニャ日本国総領事館
タムニング **MAP** 付録P6 C-4
☎671-646-1290 📠Suite 604, ITC Bldg., 590 South Marine Corps Dr.,Tamuning
🌐https://www.hagatna.us.emb-japan.go.jp/itprtop_ja/index.html

病院

グアム旅行者クリニック
Guam Traveler's Clinic
タモン **MAP** 付録P9 D-3
☎671-647-7771 📠1051 Pale San Vitores Rd.,Ste. 106, Tamuning 🈺土・日曜、祝日

病気・けがのときは？

海外旅行保険証に記載されているアシスタンスセンターに連絡するか、ホテルのフロントに医者を呼んでもらう。海外旅行保険に入っていれば、提携病院で自己負担なしで安心して治療を受けることができる。

パスポートをなくしたら？

① 最寄りの警察に届け出を行い、盗難・紛失届出証明書（Police Report）を発行してもらう。

② 証明書とともに、顔写真2枚、本人確認用の書類（日本国籍を確認できるもの）、帰国の便名が確認できる書類を用意し、在ハガッニャ日本国総領事館で紛失・焼失届出書、渡航書発給申請書を記入し、提出する。

③ 「帰国のための渡航書」は原則1〜2日で発行してもらえる。手数料は$18。帰国時1回限りにつき有効で、日本で再度パスポートを取得する必要がある。※手数料はおつりのないよう現金で用意。毎年為替レートに合わせて変更

新規パスポートも申請できるが、発行に約1週間かかり、戸籍謄本（抄本）の原本が必要となる。手数料は、5年有効が$79、10年有効が$115。12歳未満の5年有効旅券は$43。

◇ 旅のトラブル実例集 ◇

水難・交通事故

事例1 素足でビーチを訪れ、遊泳していたところ、鋭利なサンゴが足の裏に刺さり、裂傷を負った。
事例2 ホテルのプールで両親が目を離した際に5歳児がプール内に落下し溺れ、病院に搬送された。
事例3 交差点で直進信号の青色を左折信号と見間違え、左折しようとしたところ、対向車線から直進して来た車両と正面衝突した。
対策 ビーチで遊ぶ際はマリンシューズなどがあると安心。また、特に小さな子どもからはけっして目を離さないように。レンタカーを運転する際には現地の交通法規、道路標識などを十分に確認すること。

強盗・暴行

事例1 北部に向かってレンタカーで走行中、突然銃を持った男が現れ、車から降りるよう脅された。その後、男は車を奪って逃走した。
事例2 レンタカーで観光中、現地の男に家まで送ってほしいと頼まれ、送る途中で暴行を受けて車とバッグを強奪された。
対策 夜間の単独行動を控え、人けのない道を利用しない。見知らぬ人が話しかけてきても、安易に信用したり一緒に行動したりしない。

クレジットカードをなくしたら？

不正利用を防ぐため、カード会社にカード番号、最後に使用した場所、金額などを伝え、カードを失効してもらう。再発行にかかる日数は会社によって異なるが、翌日〜3週間ほど。事前にカード発行会社名、紛失・盗難時の連絡先電話番号、カード番号をメモし、カードとは別の場所に保管しておくこと。

現金・貴重品をなくしたら？

現金はまず返ってくることはなく、海外旅行保険でも免責となるため補償されない。荷物は補償範囲に入っているので、警察に届け出て盗難・紛失届出証明書（Police Report）を発行してもらい、帰国後保険会社に申請する。

📍 外務省 海外安全ホームページ＆たびレジ

外務省の「海外安全ホームページ」には、治安情報やトラブル事例、緊急連絡先などが国ごとにまとめられている。出発前に確認しておきたい。また、「たびレジ」に渡航先を登録すると、現地の事件や事故などの最新情報が随時届き、緊急時にも安否の確認や必要な支援が受けられる。

置き引き・ひったくり

事例1 海に入っている間に、ビーチに置いていた荷物を盗まれた。
事例2 レンタカーを駐車して観光している間に、車の窓ガラスを割られ、車内にあった荷物が盗まれた。
事例3 ホテル近くの路上を歩行中に、車に乗った2人組の男にバッグをひったくられた。
対策 レストラン、ホテル、ビーチなどではけっして荷物から目を離さず、レンタカーなどでも荷物を車内に残さない。2人以上の場合は、必ず1人はしっかりと荷物の番をする。基本的に貴重品は不必要に持ち歩かず、ショルダーかけやベルト付き、リュックなど体にしっかり固定できるタイプのバッグを使用する。

旅を豊かで楽しくする
スポット ✈

INDEX

インデックス

STAFF

● **編集制作** Editors
K&Bパブリッシャーズ K&B Publishers

● **取材・執筆・撮影** Writers & Photographers
リープコーポレーション Leap Corporation
内野究 Kiwamu Uchino
好地理恵 Rie Kochi
堀井美智子 Michiko Horii
西連寺くらら Kurara Sairenji

● **カバー・本文デザイン** Design
山田尚志 Hisashi Yamada

● **地図制作** Maps
トラベラ・ドットネット TRAVELA.NET
山本眞奈美 (DIG.Factory)

● **表紙写真** Cover Photo
アフロ

● **写真協力** Photographs
PIXTA
アフロ
グアム政府観光局

● **取材協力** Special Thanks to
グアム政府観光局

● **総合プロデューサー** Total Producer
河村季里 Kiri Kawamura

● **TAC出版担当** Producer
君塚太 Futoshi Kimizuka

● **エグゼクティヴ・プロデューサー**
Executive Producer
猪野樹 Tatsuki Ino

おとな旅プレミアム
グアム

2024年7月8日　初版　第1刷発行

著　　者　TAC出版編集部（しゅっぱんへんしゅうぶ）
発 行 者　多 田 敏 男
発 行 所　TAC株式会社 出版事業部
　　　　　　　　　　　　　　　（TAC出版）
　　　　　〒101-8383 東京都千代田区神田三崎町3-2-18
　　　　　電話　03 (5276) 9492 (営業)
　　　　　FAX　03 (5276) 9674
　　　　　https://shuppan.tac-school.co.jp
印　　刷　株式会社　光邦
製　　本　東京美術紙工協業組合

©TAC 2024　Printed in Japan　　　ISBN978-4-300-11284-7
N.D.C. 299　　　　　　　　　　落丁・乱丁本はお取り替えいたします。